HENRI LACORDAIRE

HENRI LACORDAIRE

LETTRES NOUVELLES

PUBLIÉES PAR

Mme Victor LADEY et M. P. de VYRÉ

DELHOMME et BRIGUET, Éditeurs

PARIS	LYON
83, RUE DE RENNES, 83	3, AVENUE DE L'ARCHEVÊCHÉ, 3

1895

En servant nos regrets, nos respects, nous servons la vérité. Parler de l'intimité qui existait entre Henri Lacordaire et Victor Ladey, c'est rendre hommage à tous les deux, et publier leur correspondance, c'est les rappeler l'un et l'autre à la mémoire de ceux qui les ont aimés, et c'est en même temps les faire apprécier par ceux qui ne les ont point connus.

L'intimité de Lacordaire et de Ladey commença au lycée de Dijon. Déjà beaux comme enfants, mais d'une délicatesse physique qui ne leur permettait pas de résister par la force aux agressions de garçons robustes et mal élevés, ils s'appuyèrent instinctivement l'un sur l'autre, alors qu'une sympathie naissait des mêmes qualités d'esprit et de cœur dont ils étaient doués.

Ce rapprochement de la première jeunesse fut l'aurore d'une noble amitié. L'année scolaire les mettait face à face et l'automne les séparait sans les désunir néanmoins : fils d'un avocat au parlement de Bourgogne, devenu à son retour de l'émigration bâtonnier de l'ordre et professeur à la faculté de droit de Dijon, Ladey s'envolait joyeusement vers les plaisirs de la campagne et de la famille, alors que Lacordaire, déjà voué aux sévérités de l'existence, restait à Dijon sous le ferme regard de sa mère, demeurée veuve à vingt-six ans, avec quatre fils à élever, tous quatre turbulents ou indisciplinés.

Dès ce moment, Mme Lacordaire ploya ses enfants à une autorité rigoureuse dont l'exercice soutenu indiquait une nature singulièrement forte, capable de contenir les effusions de l'amour maternel et d'en modérer les témoignages. Assurément, ce sentiment très doux existait en elle, mais tellement dominé que dans sa famille — hors ses fils — chacun en doutait.

Prévoyant que l'avenir mettrait au jour la correspondance de son illustre ami, Ladey, quelques années avant sa mort, joignit aux autographes de Lacordaire les pages suivantes qu'il écrivit d'après les souvenirs d'une tante de Mme Ladey. Rien de plus simple que ce récit, de plus exact surtout.

« Après la mort de son mari, médecin à Recey-sur-Ouche, Mme Lacordaire vint habiter la maison de Mme André, grand'mère de ma femme. Elle changeait de résidence pour élever ses quatre fils. L'aîné, Théodore, avait été mis en pension près d'Is-sur-Tille ; Henri devait avoir six à sept ans, Léon deux, et Télèphe était encore au berceau.

« Elle était d'une sévérité extrême, traitant si durement ses fils, qui pleuraient et criaient toute la journée, que Mme André se montrait souvent impatiente de ce bail qui a duré dix années. On trouvait cela insupportable. Un jour, Mme André et ses filles montèrent, aux cris poussés par Henri, le plus rétif, et le trouvèrent attaché dans sa couchette avec des *simors* (1). Mme Lacordaire répondit aux représentations polies qu'on lui fit : « Que voulez-vous, je ne puis le maîtriser autrement. »

« Tous les soirs elle sortait pour faire sa partie à l'heure où on couchait les enfants : Mlle Adèle André, qui avait une passion pour eux, montait pour mettre au lit Télèphe, le plus petit. Pendant les grands froids, la servante avait défense de leur chauffer les pieds avant leur sommeil, et, cependant, les enfants couchaient sur la dure même en hiver. Aux repas, la mère voulait qu'ils mangeassent debout, ne leur faisait servir qu'un seul plat, et pour elle avait de plus une pomme cuite et ne leur en donnait jamais.

« Un jour, pour vaincre la résistance d'Henri, sa mère l'avait enfermé ; quand elle rouvrit le cabinet, elle trouva qu'il avait renversé un grand panier d'œufs écrasés sur le carreau. Une autre fois, elle sortit après l'avoir mis en pénitence au

---

(1) Larges bandes d'étoffe souple, servant à attacher les enfants dans leurs berceaux, et dont l'usage existe encore en Bourgogne.

grenier. Arrivant dans la rue, elle vit qu'une femme ramassait sa provision de charbon que le petit jetait par le louvre. Après quoi les gens du voisinage le voient avec effroi s'y présenter lui-même, sa mère n'arrive qu'à peine pour le retenir.

« Au retour de l'école, cet enfant se mettait à dresser sur une commode qui lui servait d'autel une serviette et un crucifix. Alors il appelait les demoiselles d'en bas pour entendre sa messe qu'il disait avec onction. Un jour qu'elles y assistaient avec leurs amies, les jeunes filles sourirent. Henri les prit gravement par la main et les mit à la porte.

« Son caractère sérieux se montrait pendant les jeux de ses frères qui ne pouvaient l'y entraîner. Il se tenait debout, les observant de ses grands yeux noirs et perçants, d'une expression déjà singulière.

« Mlle Adèle André, voyant le dénuement du mobilier religieux de son petit ami, lui avait fabriqué un tabernacle en carton avec deux colonnettes de bois. Pendant qu'il était à l'école elle avait posé ce tabernacle orné de papier de couleur et d'or sur sa commode, ce qui l'avait comblé d'allégresse à son retour. »

En 1839, nous verrons le père Lacordaire écrire de la Quercia à Mlle Adèle André, devenue Mme C..., et lui rappeler les jours de sa jeunesse où « elle favorisait les premiers indices de sa vocation sacerdotale ».

Bientôt Henri Lacordaire rechercha les longues conversations entre amis. Il avait déjà très vif le goût du travail et lorsqu'il le voulait Lacordaire dépassait les plus forts de sa classe. A ses dons s'unissait une faculté remarquable, celle d'une volonté qu'il exerçait à vaincre les obstacles.

Ce noble effort inclina vers lui M. Delahaye, professeur déjà distingué, et cependant à ses débuts. « En ce jeune homme, tout pâle encore des faiblesses de l'enfance, M. Delahaye découvrit une âme exceptionnelle et l'enfant le voyant penché sur lui reconnut dans ce mouvement généreux un cœur capable d'aimer, et digne par conséquent de l'être. » Ainsi ce maître de vingt-quatre ans et cet élève qui n'en comptait que douze goûtèrent l'un par l'autre un des rares bonheurs de cette vie, celui d'une affection spontanée et qui dura.

Non moins heureux de cette bienveillance que fier de son ami Ladey, Lacordaire voulut le faire participer aux mêmes faveurs; soit que Ladey fût plus absorbé par la vie de famille et du dehors, soit pour toute autre raison, il ne profita qu'imparfaitement des leçons du jeune maître. Mais cela ne l'éloignait pas complètement de *son Henri*, dont il revendiquait, aux jours de congé, la possession entière. Alors on les voyait tous deux errer dans les environs de la ville ou s'enfoncer dans les silencieuses allées du parc. Lacordaire déclamait — avec quel enthousiasme ! —

des fragments de nos tragédies célèbres, et Ladey récitait des vers que ses tendances poétiques inspiraient à son juvénile et délicat esprit. Ils se trouvaient donc heureux ensemble et ne se lassaient pas de le répéter.

C'était le souffle de leur printemps, c'en était le charme; mais ces printemps fuyaient rapides et l'adolescence devait apporter bientôt son empreinte plus mâle. A seize et dix-sept ans ils abandonnaient les cours universitaires et commençaient leur droit sous l'autorité d'un maître, l'éminent Proudhon. Ne se quittant plus, ils s'aimèrent davantage, se découvrant l'un à l'autre de semblables attraits, des goûts de nature et peut-être aussi des contrastes qui expliquaient leur liaison et consolidaient leur amitié. « Nous connûmes alors — écrira plus tard Ladey — ces généreuses intimités de la jeunesse que dans la jeunesse même si peu d'hommes ont connues. »

Tous deux sortirent du lycée comme la plupart des jeunes gens, avec une sorte d'indifférence religieuse moins sensible en Ladey qu'en Lacordaire, déjà frondeur, aimant la discussion. Cependant, à cette époque, il lui échappait des mots profonds comme celui-ci : « Prenons garde, nous commençons la vie, n'en ébranlons pas la base, car le doigt de Dieu se pose sur le sommet. »

Malgré l'exubérante vivacité de sa nature on devine un malaise dont lui-même ne se rendait pas compte. En effet, dans son cerveau se heurtaient, avec des systèmes de philosophie établis, un monde d'idées personnelles. « Inexplicable, disait un de ses oncles, Henri est pour moi un problème : qui m'en donnera la solution ? » Tel qu'il était, merveilleusement doué, il se trouvait à l'étroit dans le cercle où le fixaient les usages, sa jeunesse, ses travaux.

L'étude aride du droit ne pouvait suffire à une aussi rare organisation et ne suffisait pas davantage aux amis qui l'entouraient. Ils étaient trop de leur temps, de leur race et de leur sol, pour se laisser emprisonner dans l'horizon limité d'une seule science. Qui ne sait la vitalité, l'originale vigueur de l'esprit bourguignon ?

C'était le moment de cette renaissance des lettres si marquée vers 1820, où la jeune génération, éprise d'un enthousiasme passionné pour les œuvres nouvelles, s'absorbait dans la lecture de Byron, Lamartine, Chateaubriand, Hugo. Ce mouvement étrange éclatait spontanément non seulement à Paris, mais dans la France entière, et Dijon ne resta pas en arrière. Ce retour aux choses de l'esprit devait s'accomplir par les jeunes.

C'est alors que se forma la Société d'Études. Théophile Foisset en fut l'initiateur, tandis que Lorain en était le président et Lacordaire le Verbe et la Gloire. A côté d'eux nous retrouvons Ladey, Edmond Boissard, de Saint-Seine et d'Andelarre. MM. Daveluy, les frères Rabou, Hugues Abord, Henri et Hugues Darcy, Félix et

Amédée Varin d'Ainvelle, les deux Régnier et bien d'autres non moins distingués peut-être, mais ne devant pas entrer comme ceux-ci dans l'intimité et la correspondance de Lacordaire et de Ladey.

La Société d'Études, de vif intérêt local comme on le voit, se divisa en quatre sections : philosophie, histoire, jurisprudence, littérature. Lacordaire se fit inscrire dans toutes les quatre. Aux séances publiques déjà, il se montra roi par la parole. On l'écoutait, transporté, et son succès devenait le triomphe de tous. Ah ! comme il fut acclamé le jour où, s'inspirant des grandeurs de la liberté et de la patrie, il en dépeignit la puissance avec une hardiesse d'idées, une incomparable beauté de langage; sa virile émotion remua tous les cœurs. Non seulement cette faculté d'éloquence le mettait hors rang, mais elle le révélait à lui-même.

Aussitôt après, ayant achevé son droit, Lacordaire partit pour Paris. Sa mère avait arrêté qu'il y ferait son stage et sans défiance le lançait dans ce monde inconnu où tout lui manquait, centre de famille, appuis, relations, amitiés; il n'avait rien, sinon une recommandation d'un président de chambre, M. Riambourg, pour un homme de talent, Me Guillemin, avocat à la Cour de cassation.

Lacordaire partait avec regret. A cet âge de vingt ans, il s'attachait davantage encore au sol qui l'avait vu naître, aux amis qu'il s'y était choisis.

En apparence, il semblait toujours le même, mais laissé à lui seul il sentait, en un pli profond de son âme, quelque chose d'insaisissable et dans le silence de ses soirées Lacordaire pleurait.

Son physique se transformait également. Il était grand, de fier aspect ; son visage beau, grave et pur, empruntait à l'élévation de son esprit une expression singulièrement noble, sans que sa physonomie perdît de son attrait.

Dans le monde il gardait la séduction de sa nature franche, brillante, et cependant modeste, en somme très personnelle. L'élégance de sa parole ne nuisait pas à « un tour de simplicité unie » qui résultait de la sérénité de sa conscience.

Vis-à-vis de sa mère, il restait déférent, soumis sinon confiant. Toujours vrai, aimant, très bon, ses rapports avec ses amis conservaient le même ton de droiture et d'affection, mais il réservait le secret de ses pensées, trop vagues encore pour les communiquer ; peut-être lui semblaient-elles étranges.

Ce fut dans ces dispositions que Lacordaire vit arriver le terme de son séjour à Dijon. Avant de s'abandonner à la vie qui l'attendait à Paris, il voulut connaître la Suisse, la Suisse dont il rêvait depuis son enfance. Il y passa deux semaines. C'était peu, mais il était seul, libre, infatigable : il aimait la nature, la comprenait, et ce voyage fut d'abord un enchantement, une joie vive et profonde. « Je vis le lac de Thun, le lac de Brienz, celui de Lucerne. » Il parcourut ensuite la vallée de Martigny et de vastes solitudes dont il sortait pour atteindre les plus hauts sommets, abordant même les neiges éternelles dont les cimes se confondent avec les lointains de l'espace. Tout à la fois ardent et contemplatif, il admirait jusqu'aux transports de joie et ensuite pâle, tremblant, plus saisi, il se courbait en face de ce grandiose. N'est-ce pas Dieu et l'infini que cherche l'âme humaine ?.

Allant au delà du visible, Lacordaire demandait à cette nature créée, il se demandait à lui-même *leur raison d'être* et son esprit s'engageait dans des recherches, des déductions qui n'aboutissaient à rien. « Pourquoi suis-je triste, disait-il, mon esprit est incroyant et mon âme religieuse ? » Et tandis qu'il glissait encore sur les pentes de l'erreur, on sentait déjà comme un appel involontaire au maître des choses qui l'emportait vers la lumière.

PREMIÈRE PARTIE

LACORDAIRE AVOCAT

> *Celui-là n'aura jamais d'amis qui ne voudra que des amis parfaits.*

LACORDAIRE

I

Au moment où s'ouvre cette correspondance, Lacordaire a vingt ans, Ladey dix-neuf. Ils allaient se séparer après une étreinte silencieuse pleine d'espérance néanmoins : « Je reviendrai bientôt, » promettait l'aîné. « Je t'aimerai toujours, » répondait son ami.

Ils se quittèrent ainsi après ce mélancolique, au revoir qui a toutes les incertitudes et quelquefois toutes les amertumes humaines, mais ils avaient foi l'un dans l'autre et l'avenir était à eux. A cet âge, tout est beau.

Victor Ladey (1) à Edmond Boissard (2)

« Dijon, 28 septembre 1822.

« Tu crois Lacordaire à la campagne? Eh! bien, mon cher, il est à Paris. Oui, Lacordaire est à Paris!... Adieu la Société d'Études dont il était une colonne. Lui parti, je reste découragé et ne fais plus rien que préparer ma thèse.

« Il ne m'a pas encore donné de ses nouvelles. Au bout de huit jours, sa mère, déjà bien inquiète, en a reçu. Il n'avait pu écrire plus tôt; malade pendant la route il lui a fallu se mettre au lit en arrivant... Il avait heureusement le docteur Adelon et Léon Bouchet pour compagnons de voyage. Ils lui ont donné à Paris les plus grands soins. Je n'en sais pas plus et j'attends une lettre. »

(1) Jean-Bernard-Victor Ladey, né à Dijon le 4 novembre 1803; — professeur suppléant à la faculté de droit avec dispense d'âge, le 30 juillet 1827; — titulaire le 18 mars 1834; — doyen de la faculté de droit de Dijon, le 28 septembre 1866; — mort à Dijon, le 11 janvier 1879.

(2) Edmond Boissard, dont le père était magistrat à Dijon, naquit dans cette ville en 1804; il fut nommé juge suppléant à Vassy en 1827; — président de Chambre à Dijon en 1868; mourut en 1871.

Les lettres de M. Ladey à M. Boissard furent remises par Mme Boissard à Mme Ladey peu de temps après la mort de son mari. Lacordaire brûlait toutes les siennes.

Lacordaire à Ladey

« Paris, 7 décembre 1822.

« Mon ami, je prends la plume avec un sentiment de tristesse qui ne m'a pas quitté depuis que j'ai reçu ta lettre. Avant de l'ouvrir, je m'attendais à des reproches, mais à des reproches qui me feraient encore plaisir et où je ne verrais que la sollicitude de l'amitié. Je l'ai ouverte en me réjouissant d'avoir quelqu'un au monde qui m'écrivît deux fois pendant que je ne lui écrivais pas une seule.

« Je t'écris du sein de mes lares domestiques, c'est-à-dire de ma chambre. Elle est petite, mais agréable.

« Nous y pourrions tenir cinq. Foisset (1), Lorain (2), Boissard et toi. Ce serait une chambre remplie à la façon de Socrate... La fenêtre donne sur une vaste cour bien aérée. Enfin, ma coquille me plait et c'est un grand point.

« Tu en seras quitte aujourd'hui pour cette

---

(1) Théophile Foisset, né à Bligny-sous-Beaune, juge auditeur au tribunal de Louhans en 1828, conseiller à la cour de Dijon en 1830, mourut en 1873.

(2) Prosper Lorain, né à Mâcon en 1799, fut nommé doyen de la faculté de droit de Dijon; mourut à Paris en 1848.

description. Je ne veux pas te bourrer de sucre et de dragées comme Vert-Vert, après t'en avoir privé si longtemps. Nous causerons plus tard de Paris, des connaissances que j'y ai faites, de celles qu'on me procurera, de mon travail, de mes projets. La matière ne manquera jamais à nos entretiens. Tu me parleras de ce que tu fais, de ce que font nos amis, de la Société d'Études.

« Si, je solliciterai le titre de correspondant ! Ah ! ils ont douté de moi ! ils ont douté de moi !... Dis-leur que je suis bien puni... Je vais écrire à Lorain, à Foisset, à Boissard. Quand tu verras Gouget (1), dis-lui bien des choses de ma part et présente mes respects à ton père (2) ; toi, je t'embrasse de bon cœur.

« H. Lacordaire. »

(1) Gustave Gouget, reçu avocat à Dijon en 1826, mourut en 1881.
(2) Lacordaire avait eu M. Ladey père pour professeur lorsqu'il faisait son droit à Dijon.

Prosper Lorain à Victor Ladey (1)

« Mâcon, 1822.

« Je t'écris cette lettre dans un de ces moments où l'on se réjouit de pouvoir se compter un ami de plus.

« Que ta lettre m'a fait de bien ! Que tu es meilleur, mon cher Victor, lorsque tu rejettes ton léger masque de folie. Je t'estime digne d'aimer et d'être aimé. Ne veux-tu pas que je te ressemble ? Comme je te préfère à Lacordaire ! Je me suis sincèrement affligé de son absence, je m'en afflige encore. Je crois même qu'il m'aimera un jour. Et pourtant ce jeune homme-là n'est pour moi qu'une énigme. Il me disait un jour que personne ne le connaissait. Comme il me l'a bien prouvé ! Toi, mon ami, tu ne blesseras pas mon cœur. »

(1) Après la mort de Prosper Lorain, sa famille envoya la plus grande partie de ses lettres à MM. Foisset et Ladey.

Prosper Lorain à Victor Ladey

« Mâcon, 1822.

« Tu ne m'as pas compris dans ce que j'ai hasardé sur Lacordaire. Je ne t'ai point déclaré que j'ajournais mon attachement sur lui. Je crains seulement qu'il n'ajourne son amitié pour moi. Tu sauras un jour que, dans certaines circonstances de mécontentement ou de malheur, on va quelquefois jusqu'à douter du cœur de ses amis. Ne me fais jamais douter du tien, mon bon Victor, je t'en conjure. »

Lacordaire à Ladey

« 31 décembre 1822.

« Mon cher Victor,

« J'attendais ta lettre avec impatience et je commençais à être mécontent. Si elle a été longue à venir, elle m'a du moins dédommagé.

« Tu me demandes si mes affaires vont bien. Très bien, mon ami. M. Guillemin vient d'acheter le cabinet de M. Loiseau, avocat à la Cour de cassation, et une étude plus vaste et plus belle s'offre à moi. J'ai maintenant trois affaires entre les mains ; une qui sera plaidée en audience solennelle et plaidée par moi. C'est une question d'état magnifique. Il s'agit d'un fils naturel de la belle-sœur du prince de Wagram. Une autre contre quatre huissiers que j'accuse de faux en écritures publiques, une troisième contre un usurier de Langres et qui présente de belles questions de droit. Enfin, je suis content, je me porte à merveille et je travaille de toutes mes forces.

« Adieu, mon ami, je t'aime et je t'embrasse.

« HENRI. »

« Bien des choses à Boissard, rappelle-moi au souvenir de M. Daveluy (1). »

(1) Amédée Daveluy, professeur de rhétorique au lycée de Dijon, nommé ensuite directeur de l'école française d'Athènes.

Lacordaire à Ladey

« 29 janvier 1823.

« Mon cher Victor,

« Tu me demandes quelques détails sur mes études et sur les causes dont je suis chargé... Outre celles dont je t'ai déjà parlé, je suis chargé de bagatelles qui occasionnent des démarches de ma part, me mettent en contact avec les hommes et m'apprennent à les connaître. Dans l'affaire de succession, je ferai un mémoire, mais il faut que tout cela ait le temps de marcher. Songe que je n'habite Paris que depuis trois mois et que les procès ne vont guère vite. J'ai eu du bonheur d'être adressé à M. Guillemin, il est d'une bonne volonté sans égale pour moi.

« J'entre vendredi dans une conférence de jeunes avocats qui se tient au palais de justice. C'est plus pour faire des connaissances que pour l'instruction à en tirer. Nous avons les conférences générales présidées par le bâtonnier, cela est peu intéressant ; le soir, je travaille chez un avoué.

« Est-on pour la guerre ou la paix, à Dijon ? Le roi vient de décider à peu près la question dans son discours aux Chambres.

« Adieu, mon ami, écris-moi.

« Henri. »

P. S. — « Lorain me demande mon analyse de Wolff. Je ne sais ce que j'en ai fait, je n'ai jamais eu le courage de conserver mes productions. »

Lacordaire à Ladey

« Paris, 18 mars 1823, minuit.

« Mon ami.

« L'horizon s'éclaircit de plus en plus et je vois arriver avec une joie bien vive le moment où nous allons nous jeter tous trois dans les bras l'un de l'autre. Je te devrai ce bonheur, mon cher Victor, puisque c'est toi qui m'as éclairé sur le caractère de Lorain avec une franchise et un désintéressement dignes d'un cœur aussi noble que le tien.

« Sans doute sa correspondance aimable et spirituelle, les sacrifices nombreux que son amour-propre a faits à l'amitié, sa rare persévérance, toutes ces choses ont touché mon âme et l'ont insensiblement rapprochée de la sienne ; mais tu as contribué beaucoup à détruire un reste de préventions. Oui, tu m'as fait le plus beau présent qu'un homme puisse offrir à son semblable et mon cœur reconnaissant ne l'oubliera jamais.

« Nous parlions à l'instant de la constance de Lorain. Voici ce qu'il m'en dit dans la

lettre qu'il vient de m'écrire : « Je trouvai un
« charme secret dans les résistances que tu
« opposais à mon amitié, car rien n'est perdu
« pour la justice ; je savais que tu deviendrais
« juste et que tu trouverais, dans tes erreurs
« mêmes, une nouvelle raison de me rester at-
« taché. »

« Cette lettre m'a causé une satisfaction
d'autant plus vive que j'avais écrit à Lorain
quelques jours avant de la recevoir et qu'ainsi
l'expression de mes sentiments n'a point été
provoquée par l'épanchement des siens. Il y a
dans le tour que prend cette affaire quelque
chose de sérieux et d'imprévu qui me charme.
J'ai tant de choses à vous peindre, à vous confier que j'attends avec une espèce d'impatience
le jour où commencera l'ère nouvelle de notre
réunion.

« Adieu, mon ami. As-tu passé ta thèse ? Je
croyais que c'était une affaire terminée. Pour
peu que cela dure, tu seras docteur à cinquante ans ; c'est une espérance qui console...

« Bonsoir.

« Henri Lacordaire. »

Déjà se dessine un des aspects du caractère
et de la nature de Prosper Lorain. C'était, dit

M. Foisset (1), une belle intelligence, singulièrement pénétrante, extrêmement étendue et flexible, mais dupe de la finesse même, de la ténuité de ses aperçus, et, si j'ose le dire, trop éprise de cette maxime que : la vérité est dans les nuances. Il n'en a pas moins été jusqu'à la fin un des plus intimes familiers de Lacordaire et il en était digne. »

Théophile Foisset, après avoir terminé à côté de Lorain ses études à Cluny, vint commencer, avec lui, son droit à Dijon. Déjà lié avec Lacordaire, Ladey et Boissard, il leur fit connaître son ami et tous les cinq formèrent ensemble cette franche intimité que nous allons pénétrer.

Prosper Lorain suivit, non moins brillamment que V. Ladey, la même carrière. Pendant les vacances il se rendait soit à Mâcon, sa ville de naissance, où les siens jouissaient d'une belle position sociale, soit à Chazoux, habitation d'été où nous retrouverons souvent ses amis de jeunesse. Mais au moment dont nous parlons, Victor et Prosper se trouvaient à Dijon, préparant ensemble l'épreuve du doctorat.

Ladey, moins actif à l'étude, mais supérieu-

___
(1) *Vie du P. Lacordaire*, 1ᵉʳ volume.

rement doué du goût le plus sûr en matière de littérature et d'art, avait cette sensibilité un peu paresseuse de la vie qui n'en est pas la jouissance et que connaissent seuls les esprits et les cœurs exquis, ses pareils. Cette tendance, résultat d'une certaine faiblesse physique, n'excluait pas en lui le courage, le courage de l'amitié particulièrement. Mais une pointe d'indépendance et d'ironie, une rêveuse inquiétude de perfection, une nuance de trouble, lui donnaient la tentative de se dérober au lieu de produire comme l'auraient voulu ses amis.

Dans ce groupe choisi de jeunes hommes de vingt ans, le travail, le culte du vrai et du beau, la dignité de la vie et l'élévation des idées étaient en honneur, et si Victor Ladey s'y annonçait l'érudit au langage élégant, Edmond Boissard, futur magistrat, y apportait la mesure et la justesse d'une nature aussi droite que bienveillante.

Tous deux trouvaient auprès de leurs pères, liés eux-mêmes d'une étroite amitié, un brillant et honorable milieu. Chez l'ancien bâtonnier comme chez le président de Chambre Boissard, se réunissait l'élite de la magistrature, du barreau et de la société dijonnaise.

Victor était en outre la joie d'un foyer sans mère que le deuil, la souffrance non moins que l'âge de M. Ladey rendaient plus cher à son dévouement filial. Cependant le père et le fils convinrent ensemble, non sans tristesse, qu'un exil à Paris s'imposait. Quitter son père et sa maison, c'était arracher au vieillard son dernier bonheur et le priver du rayon de soleil glissant sous son toit. — Pour Victor, quelle alternative? la raison parlait et le cœur plaidait. Il s'en ouvrit à Lacordaire.

Lacordaire à Ladey.

« Paris, 16 avril 1823.

« Tu me demandes conseil, mon cher ami, sur une proposition qui t'a été faite par ton père, et que tu as repoussée par des motifs qui font honneur à ton caractère. Autrefois, mon ami, les jeunes gens ne songeaient pas à l'avenir comme nous et se reposaient sur leurs parents du choix de leur destinée. Mais puisque nous avons pris sur nous ce noble fardeau, puisque nous voulons nous-mêmes chercher le rameau d'or qui doit nous ouvrir une route encore inconnue, il faut, dans notre conduite, beaucoup de mesure et de prudence et néanmoins savoir saisir le mouvement favorable. Il n'est pas donné à tous de s'emparer de leur sort comme l'aigle de sa proie, mais il faut du moins veiller et ne pas s'endormir, de crainte que le bonheur ne nous effleure avec ses ailes brillantes pendant notre sommeil et que nous ne puissions ouvrir les yeux à temps pour lui arracher une plume.

« Je vais donc causer avec toi sur ta position

telle que je la connais et te dire la vérité, sans déguisements.

« Je doute que tu fasses jamais une étude approfondie du droit, si tu ne dis pas adieu pour quelque temps aux tours de Saint-Bénigne et de Saint-Michel ; tes connaissances, celles de ton père te donnent des dissipations trop fréquentes ; une fois que tu as été dérangé tu ne te remets pas facilement au travail et il suffit d'un déjeuner ou d'un dîner pour te voler ta journée. Tu m'as dit ces choses toi-même et je ne fais que t'ouvrir les richesses que tu as cachées dans mon sein.

« Dès l'année dernière tu sentais que tu avais besoin de changer de place et de venir respirer l'air de la capitale. Ici je pourrais te faire un portrait enchanteur de cette ville, mais je cherche à t'éclairer et non à t'éblouir.

« J'examine les choses froidement comme je l'ai fait pour moi-même et les mêmes raisons doivent te décider aussi. Je sais que ton père ne se passera qu'avec peine de ta présence et de tes soins ; mais enfin tu ne crains plus pour sa santé et la satisfaction qu'il éprouvera de voir ses vœux remplis et la route élargie pour toi compensera le vide laissé autour de lui. Mon cher ami, si les pères jouissent de près, ils jouissent aussi beaucoup de loin.

« Enfin réfléchis sérieusement à tout cela et remets à Lorain la lettre ci-jointe :

« Mon cher Lorain, donne-moi le bras et faisons ensemble un tour de promenade pour causer de ton voyage. Je voudrais pouvoir mettre un lit de plus dans ma chambre, mais c'est une chose aussi impossible que de mettre deux poulets dans un œuf. Tu logeras dans mon hôtel ; je me suis arrangé avec le portier pour une petite chambre où tu passeras la nuit, et pendant le jour mon trou sera ton trou. *Deus tuus, deus meus, gens tua, gens mea.* Écris-moi le jour de ton départ et annonce-moi la diligence que tu auras prise et la route qu'elle tient, afin que je n'aille pas d'un côté tandis que tu arriverais d'un autre.

« Le Mont-Blanc ! le Mont-Blanc ! Pourquoi me rappelles-tu la Suisse ? ô dulces Argos ! Mon cher Ladey, je ne puis songer à cette contrée charmante, à ces lacs, à ces vallées, à ces montagnes, à ces glaciers, à ces chutes d'eau, à ces chants harmonieux que j'ai entendus sortir de la bouche de quelques Helvétiennes, à ces fatigues si douces, à ces repas si simples assaisonnés par la faim, à cette nuit du mont Righi, à tant de choses, je ne puis songer à la Suisse sans être triste de ne plus la voir, sans espérer la revoir un jour avec vous. O mes amis ! N'y allez pas sans moi ; que je puisse vous dire où je me suis arrêté debout, où je me suis assis, où j'ai rafraîchi mes pieds dans un torrent, où j'ai été heureux de vivre !

« Je devais plaider aujourd'hui une cause civile. Elle a été remise à huitaine. J'en plaide une autre le 18. Ce ne sont pas mes belles affaires.

« Excusez-moi auprès de Boissard. Bien des choses à Abord (1) ; je n'ose pas lui écrire depuis qu'il trouve mes billets trop symétriques. Je l'aime pourtant. Ne m'oubliez pas auprès de M. Daveluy.

« Henri. »

(1) Nommé substitut à Langres en 1826.

Lacordaire à Boissard.

« Paris, 17 avril 1823.

« Il y a longtemps, mon cher Edmond, que mes lettres ne sont venues te trouver dans ton humble tourelle (1), mais ne juge pas mon amitié par le nombre de mes lettres. Mille circonstances ont enchaîné ma plume.

« Je pense que ton coin solitaire est toujours pour Ladey un rendez-vous plein de charmes, que de temps en temps vous vous disputez sur la religion et la politique, après quoi vous jouez en silence une partie d'échecs.

« Nous voici dans un beau moment pour la politique et tandis qu'en Espagne nos armées décident le sort du monde, nous autres, Athéniens casaniers, nous pouvons nous aborder sur la place publique en nous demandant qu'y a-t-il de nouveau ?... Nous assistons à un spectacle qui fixera les yeux de la postérité. L'Europe monarchique est placée entre l'Espagne et la Grèce et son sort dépend de la France. Si nous sommes vaincus, la révolution poussera

(1) M. Boissard père habitait, rue Berbisey, l'hôtel Sassenay, aujourd'hui hôtel d'Hennezell; — son fils occupait une tourelle dépendant de l'habitation.

du haut de l'Escurial un cri terrible qui sera répété à Paris, à Turin, à Naples, à Bruxelles, à Berlin, à Varsovie, et qui nous sera renvoyé depuis Corinthe plus fort et plus menaçant. Les mines sont toutes préparées et n'attendent plus que l'étincelle qui doit les enflammer.

« Je sais que tu ne crois pas à cela ; mais, mon cher, en morale comme en physique, les éléments tendent à se mettre en équilibre : souviens-toi de ce que je te dis. Il faut que l'ordre périsse partout s'il périt sur un point. O Rome ! O mon pays !

« Les séances de la Société d'Études sont-elles brillantes ? On m'a dit qu'Abord en avait été nommé vice-président ; dis-lui que je l'en félicite, mais que je ne le félicite pas sur l'exactitude avec laquelle il répond aux lettres que des gens aimables lui écrivent. Voilà plus de sept mois qu'il me doit une réponse et en vérité c'est prendre un terme un peu long. Il faut faire payer le plaisir, mais non pas trop cher. Je suis sûr qu'en lisant ce petit paragraphe il se mettra à rire comme un fou en disant : ce sacré Lacordaire ? il est toujours drôle !...

« Henri. »

Lacordaire à P. Lorain

« Paris, ce 22 avril 1823.

« Encore quelques jours, mon cher ami, et je te verrai, et j'entendrai ta voix et nous serons ensemble. Hélas ! il est dans cette vie de bien tristes moments ; mais il en est d'autres qui font oublier les peines passées et qui donnent la force d'attendre l'avenir. Je jouis déjà de ta présence. Si je rencontre quelque chose qui me fasse plaisir à voir, je me dis à moi-même : il verra toutes ces choses. Je visitais il y a deux jours le jardin des Plantes et le pont d'Austerlitz pour me préparer à te les montrer. Les arbres se couvrent de feuilles, les fleurs entr'ouvrent leurs boutons, les gazons charment les yeux par la fraîcheur de leur verdure, le printemps avec toutes ses grâces attend que tu viennes. Et moi, mon ami, j'attache tout mon bonheur à ce voyage. Mon âme a besoin de communiquer avec la tienne. Songe que nos derniers adieux datent de huit mois et que nous nous embrassâmes alors avec l'espérance de nous revoir bientôt...

« Victor viendra-t-il avec toi ? Ce cher ami le désire de toutes ses forces, mais il craint de laisser son père seul et c'est là un lien puissant. S'il ne vient pas ce sera son tour de nous écrire à tous deux dans une même lettre. De notre côté nous lui écrirons souvent et je veux que nos lettres soient datées du parc de Versailles, du parc de Saint-Cloud, du bois de Boulogne, etc... Nous en tracerons une sous le cèdre du Liban que Jussieu apporta dans son chapeau et plaça de ses mains au jardin des Plantes.

« Mon ami, dans ta dernière épître tu me demandes si tu ne me gêneras pas. Tu me parles de ta discrétion qui te gardera d'abuser de ma complaisance. Eh! Prosper, pourquoi tant de précautions?... Quand deux amis se donnent le bras, l'ennui et la gêne s'en vont bien vite.

« Adieu. Tu ne trouveras rien dans ma lettre. J'ai voulu t'écrire pour t'écrire. C'est un besoin que j'éprouvais, je l'ai satisfait... A Paris...

« Bonsoir Victor.

« Votre Henri. »

« A Paris, à Paris, » répétait Prosper, entraîné par le mouvement de son cœur plus encore que par l'appel de son ami. Un matin il quitta les rives de la Saône et la maison où sa mère et sa sœur lui faisaient un intérieur très doux. 36 heures après il tomba dans les bras de Lacordaire.

Prosper Lorain à Victor Ladey

« Paris, 7 mai 1823.

« Paris est une ville maudite pour les correspondances de l'amitié, mon cher Victor. A peine a-t-on le temps de dormir et de manger. Comment veux-tu qu'on y trouve le temps d'écrire? et je t'écris pourtant !

« Il est impossible que quelques lignes pressées te donnent la moindre idée des beautés et des difformités de la capitale. C'est un immense contraste plein de nuances. Tu n'imagines pas avec quel bizarre étonnement on rencontre, resserrées en un même point, la misère et l'opulence, l'ignorance et l'instruction, l'élégante décence des formes et la corruption des cœurs, enfin tout ce qui peut faire hésiter l'honnête homme à nommer Paris le centre de la civilisation et des bons usages, ou le séjour infernal du vice et de toutes les afflictions de l'esprit humain. Aucun quartier, aucune rue, aucun endroit n'est exempt d'un mélange inouï de grandeur et de bassesse qui n'élève jamais le cœur assez haut pour ne pas le laisser retomber dans d'amères réflexions.

« Nous avons visité Versailles et les deux Trianons. Les appartements sont surchargés d'or, de tableaux et de fresques, la chapelle surtout ; nous avons vu les grands bois, les belles eaux, les statues, cent bassins tout en marbre m'ont laissé un sentiment vague de tant de beautés et le désir de les revoir.

« Lacordaire, Daveluy et moi, nous étions à la fois harassés de chaleur, de poussière, de sommeil et de faim. Nous nous sommes tous trois endormis dans la grande allée du parc, appuyés contre un arbre, et les cris de 20.000 personnes n'auraient pu nous réveiller.

« Enfin, lassés de tout, même d'admirer, après avoir curieusement remarqué les lieux devenus célèbres par la Révolution, la fameuse orangerie, la salle des gardes, les appartements de la reine, le balcon où elle se présenta au peuple le 5 octobre, nous sommes rentrés à Paris sans avoir pu trouver à dîner à Versailles et le plus indispensable sommeil a terminé une journée telle qu'un homme comme moi n'en supporterait pas huit sans mourir. Nos courses ont réduit Lacordaire aux dernières extrémités et Daveluy est resté hier au lit jusqu'à quatre heures du soir. J'ai traîné le misérable Henri au jardin des Plantes ; nous avons bu deux tasses de lait tout près du fameux cèdre du Liban. De ce pas, je vais visiter le musée du Louvre ; j'ai déjà vu la galerie du Luxembourg. Je ne te décris ni les jardins, ni les édifices, ni les spectacles.

« Adieu. Nous parlons de toi à tous les instants. Nous manœuvrons des projets ; nous détruisons pour bâtir, l'amour-propre s'en trouve bien, l'amitié n'en va pas trop mal... Je t'en voudrai beaucoup si à mon retour tu n'es pas avocat... Je t'aime mille fois mieux que Paris, ce qui ne veut pas dire que je n'aime pas Paris. Dis à Boissard que si je ne lui écris pas, c'est parce que je n'en ai pas le temps. Embrasse Abord. Dis-moi tout ce qui se passe à Dijon. Foisset a-t-il grandi (1) ?

« Prosper. »

Dans la même lettre, Lacordaire écrivait à Ladey :

« Il faut que je t'aime beaucoup pour que mon amour-propre se résigne à jeter, à côté des phrases spirituelles de Lorain, quelques mots insignifiants. Prosper a d'ailleurs payé ma dette en te peignant, après une semaine de séjour à Paris, ce que 6 mois d'expérience ne m'enhardissaient pas encore à te décrire. Que

---

(1) Th. Froisset avait une taille très au-dessus de la moyenne.

me reste-t-il donc à faire puisqu'il m'a volé tout à la fois, et mon sujet et mon papier, si ce n'est à te promettre qu'une autre fois ce sera ton Henri qui commencera l'épître et cette autre fois est bien proche, mon cher exilé.

« Adieu. Lorain t'aime mille fois mieux que Paris, et je t'aime en raison inverse de la longueur de ma lettre.

« Henri. »

Lorain à Ladey

« Paris, 28 mai 1823.

« Je ne te dirai presque rien de Paris. J'ai vu l'abbé Gerbet (1), M. de la Mennais, le trône et la chambre du roi, mille autres choses encore que je ne dis point aux faiseurs de thèse qui se laissent écrire deux grandes lettres sans y répondre.

« Prosper. »

(1) L'abbé Gerbet correspondait avec Lacordaire lorsque ce dernier habitait Dijon, au sujet des travaux de la Société d'Études dont il faisait partie par affiliation.

Lacordaire à Ladey

« Paris, 3 juin 1823.

« Ah! ça, mon cher Victor, sais-tu que je t'en veux beaucoup et pour bien des raisons : de quoi t'avises-tu de devenir aussi muet que les oracles du paganisme après la venue du Messie? T'imagines-tu que la lettre vivante que tu m'as envoyée te dispense de mettre mon nom sur une adresse et justifie ta paresse peu amicale?

« Faisons la paix et causons. Lorain te dira bien des choses qu'il serait trop long de t'exposer. Mais ce que je dois te dire comme ami, comme attaché à ton bonheur, c'est que le moment est venu pour toi de te mettre à ta place et que tu ne peux y parvenir que par le travail. Quand je songe que tu as perdu cette année à faire ta thèse, que te voilà en arrière d'une session de stage, je suis épouvanté de ton insouciance. Une année !... et nous ne vivrons peut-être pas trente fois ce période de temps! Tu as de l'amour-propre, tu en as peut-être plus que tout autre et tu ne sais le nourrir que par le sentiment intérieur de ce que tu vaux lorsque les circonstances te sont si favorables, lorsque de toutes parts l'amitié s'empresse de te tendre la main, lorsque tu n'as qu'à vouloir pour que les anges et les archanges te défendent contre l'aspic et le basilic...

« Mon ami, jette les yeux autour de toi ; vois Lorain, Abord, Boissard, Lacordaire, destinés à former une union durable basée sur des rapports d'esprit, de cœur et de position. Quels beaux plans nous avons faits : et moi, mon vieux camarade de collège, mon ami, mon Victor, moi qui reviens au mois de novembre !... Silence ! Toi et Lorain vous devez seuls savoir ce secret, jusqu'au jour où je croirai convenable de l'annoncer. Pourquoi ? Comment ? Ah ! Prosper te dira tout cela. Sois fou de cette nouvelle, je te le permets.

« Je te renvoie notre Prosper bien fatigué, bien rassasié de la capitale. Qu'il ne la regrette pas à Dijon. Faites-lui une vie douce. Aimez-le, aimez-moi.

« Henri. »

Lorain à Ladey

« Paris, 1ᵉʳ juin 1823.

« Je suis en voiture, mon ami, c'est-à-dire j'y monte mercredi matin...

« Que de choses nous avons à nous dire, toi et moi. Combien d'amis verrai-je à l'arrivée ? Abord, Boissard ne t'accompagneront-ils pas ? Je m'en remets à leur zèle et les embrasserai de bon cœur ; toi, je t'embrasse dès à présent.

« Prosper. »

II

Lacordaire à Ed. Boissard

« Paris, 3 juin 1823.

« Lorain me quitte, mon cher Edmond. Me voilà de nouveau livré à une solitude profonde au milieu du bruit et de la foule. Il est venu seulement me créer des souvenirs dans la capitale, attacher son nom à des lieux auxquels ce charme manquait pour moi, m'apporter tout Dijon dans Paris.

« Nous avons parlé ensemble de bien des choses. Il te racontera cela. Nous nous sommes beaucoup promenés. Nous avons rendu visite à M. l'abbé Gerbet, qui nous a introduits près de M. de La Mennais.

« C'est un homme petit, sec, d'une figure maigre et jaune, simple dans ses manières, tranchant dans ses discours, plein de son livre. Aucun trait n'indique en lui ce qu'il est, ne révèle son génie. Il n'a de remarquable que cette sécheresse de corps qui faisait que César se défiait de Brutus. Qu'on place M. de La Mennais dans une assemblée d'ecclésiastiques, avec sa redingote brune, sa culotte courte, et ses bas de soie noire, on le prendra pour le sacristain de l'église.

« Adieu, mon cher Edmond. Écris-moi. Souvent nous avons pensé l'un à l'autre, car les rapports qui existent entre nous ne sont pas de nature à s'effacer par une distance de soixante lieues ; en amitié il n'y a pas d'antipodes.

« Henri Lacordaire. »

Lacordaire à Ladey

« Paris, 14 juin 1823.

« Oui, mon cher Victor, tu as trop tardé à me parler de toi, de Lorain, de Dijon, de tous nos amis et après avoir tardé si longtemps, tu m'as trop peu parlé de tout ce qui m'intéressait, de tout ce qui me faisait désirer ta lettre. Et quand je dis *ta*, la part de Prosper est comprise dans ce *singulier* amical.. Je ne finirais pas si je voulais te dire tout ce que tu ne m'as pas dit et je ne puis t'excuser qu'en supposant que la pensée de mon retour a tellement occupé ton âme qu'il n'y est point resté de place pour d'autres idées.

« Venons à ce projet plus désiré qu'espéré. Mon ami, je ne doute pas que je réussirais à Paris. J'y ai fait en sept mois plus que d'autres en trois ans et hier encore, où je plaidais pour la troisième fois dans la même affaire, j'ai été entendu avec plaisir. J'ai remarqué au palais des yeux attachés sur moi et je sens que l'on dirait bientôt : c'est un jeune homme qui donne de belles espérances.

« Ces plaidoiries dans une affaire importante

m'ont fait grand bien. J'ai senti qu'avec de l'expérience je pouvais devenir bon avocat. Ce qui m'a satisfait, c'est ma facilité pour la parole, ma tranquillité et mon sang-froid... A peine suis-je levé que je me sens à mon aise. Je suis donc persuadé qu'avec le temps et le travail je parviendrais à me faire une réputation à Paris, d'autant mieux que si je voulais y demeurer j'attacherais plus d'importance à cultiver des liaisons qui pourraient m'être utiles.

« Une foule de considérations me fait préférer la ville où j'ai passé mes premières années. C'est là que demeure ma famille, ma mère qui m'a toujours beaucoup aimé, qui a retrouvé en moi quelque chose des traits et du caractère d'un homme qu'elle et nous avons perdu trop tôt et qui s'est toujours nourrie de l'espérance de m'avoir pour appui de sa vieillesse. Si je reste à Paris, je l'entraîne avec moi dans ce cercle immense qui ne peut convenir qu'à celui qui n'a encore touché que quelques arrhes de l'existence et qui a tout son avenir devant lui. Je l'arrache à des liaisons anciennes, à des habitudes formées et je la jette dans un monde nouveau où elle sera nécessairement isolée par la nature des choses et son peu de fortune. Moi aussi je m'enlève à des connaissances toutes faites, à des amis qui me promettent une vie heureuse, peut-être à une sorte de réputation qui est plus en espoir qu'en réalité, mais qui est déjà présente par anticipation et dont le charme a lieu de me séduire, puisqu'il soutient mes forces. Et, te le dirai-je, mon ami, le gouffre où je vis pèse sur moi de toute sa profondeur, il me semble qu'on y respire un air empoisonné. Il y a dans mon âme beaucoup de simplicité et de bonne foi, peut-être même de la naïveté et sous tous ces rapports ce pays-ci me convient mal. Ne vivant pas sous les yeux du public au milieu d'amis toujours prêts à me donner de bons conseils, ne puis-je pas m'y corrompre et perdre tout ce qu'il y a de beau en moi ? Car l'esprit n'est rien, il n'y a de grand sous le soleil que l'âme de l'homme. Puis il me faudrait renoncer à posséder de vrais amis, car ici la chaleur de l'amitié se mesure sur la distance qui nous sépare.

« Or, dis-moi, peut-on vivre heureux dans ce tourbillon qui dévore les plus doux sentiments de la vie et qui ne vous donne en échange qu'une fumée qui se voit d'un peu plus loin? Et le bonheur doit-il être compté pour peu de chose lorsqu'il est question de prendre un parti ? Tout bien pesé, je retourne vers mes pénates... Je veux respirer l'air que respirent tous ceux que j'aime et je dis à la gloire qui siège à Paris : Vous ressemblez à vos filles du Palais-Royal ; vos faveurs sont très chères, le plus beau des ornements vous manque, la *pudeur*, et si je vous approche de près je vois sur votre visage du fard et des mouches.

« Je reviens donc, mais à quelle époque ? Rester ici deux à trois ans, c'est priver ma mère de moi pendant un long espace de temps. En revenant dans la première quinzaine de novembre, j'aurai fait un an de séjour à Paris et certes mes moments n'auront pas été perdus ; j'ai suivi un barreau remarquable, j'ai pris une certaine teinture des affaires, j'ai plaidé assez souvent pour un jeune homme de vingt et un ans qui n'a pas même le droit de plaider. Ma pensée s'est agrandie au centre de la civilisation européenne ; je me suis détrompé de beaucoup d'illusions et peut-être en avais-je un pressant besoin. Mon voyage m'aura vieilli de trois à quatre ans et je rapporterai au milieu de vous un cœur toujours le même, un esprit toujours aussi vif et cependant plus mûr.

« Lorsque je suis parti, j'ignorais moi-même si je me fixerais à Paris et je n'en avais qu'un désir vague qui ressemblait trop à un chatouillement de l'amour-propre pour être un dessein réfléchi.

« Dans cinq mois, je t'embrasserai : dans

cinq mois ! Victor ! je les emploierai à acquérir des connaissances en procédure, je vais suivre plus assidûment le barreau et me mettre à même de reprendre parmi vous ma place accoutumée. Tu me l'as faite trop belle, cette place, mon ami, et par cela même que j'ai plus de facilité qu'un autre, je mérite plus de rigueur. Cela n'est pas de la modestie ; tu sais que je ne suis pas modeste, c'est l'expression de ma pensée.

« Bon Dieu ! Tu ne comprends pas mes vues, tu ne vois pas pourquoi je veux garder le silence sur mon retour. Veux-tu que maman l'apprenne par des bouches étrangères ? Es-tu fou ? et d'ailleurs à quoi bon parler de ce retour cinq mois d'avance ? Si on en parle déjà, il semblera que je ne sois resté que sept mois à Paris et que j'ai employé le reste à m'amuser… Mais tu n'as pas le sens commun… ; en parler, ce serait me désobliger.

« Bonsoir, mon ami. As-tu passé ta thèse ? Sommes-nous confrères ? Je ferai mon doctorat. Ah ! Ah ! Je t'embrasse.

« Henri Lacordaire. »

Lacordaire s'était fait au barreau de Paris une place unique. Les maîtres de la tribune, Berryer et Séguier, l'écoutaient, le jugeaient; ses confrères plus jeunes l'entouraient de sympathie et d'une singulière estime. « Il était, dit l'un d'eux, simple quoique très fort; loyal et bon, sans fatuité aucune. »

Si courtoises et flatteuses qu'elles fussent, ces relations ne le contentaient pas : des biens plus fondés, tels que la présence de sa mère, l'affection de ses amis, lui semblaient seuls désirables. Son insatiable besoin d'action s'alimentait de ces désirs, de ces attentes, mais la main de Dieu le travaillait déjà plus profondément qu'il ne le soupçonnait lui-même.

Lacordaire à Ed. Boissard

« Paris, 27 juin 1823.

« Mon cher Edmond, tu m'écrivais il y a deux mois : « Je regrette que tu ne sois plus ici ; nous nous sommes assez connus pour sentir que quelque chose de plus intime se fût encore établi entre nous. »

« Veux-tu que je te parle avec franchise ?... J'ai commencé à vivre plus près de toi à l'époque où tu t'es lié avec un homme qui t'a bientôt dominé. Cette abnégation de toi-même me pesait singulièrement, à moi qui suis fier et qui me serais cabré contre une idée qu'on aurait voulu m'imposer. Cela m'était d'autant plus pénible que je remarquais en toi un esprit libre et assis sur ses propres bases, que tu étais capable d'avoir une existence morale qui te fût personnelle, ta propriété noblement acquise et fièrement défendue. Ne vois-tu pas, aujourd'hui, que ce qui profite le mieux c'est ce qu'on fait soi-même, ce qui sort de son propre fonds ; ce sont les fruits qui croissent sur l'arbre et non pas ceux qu'on y attache.

« Aujourd'hui que tu as secoué un joug qui

pesait à tes amis comme à toi, que ta liaison avec des hommes que j'aime du fond de mon âme est devenue de l'intimité et de l'amitié, que peut-être les sentiments que tu avais pour moi se sont accrus par une connaissance plus approfondie de mon caractère, je te parle avec la franchise et la conscience d'un ami. Tu es digne de comprendre que je te donne un gage sacré de mon sincère attachement.

« Aujourd'hui, je t'annonce mon retour pour le mois de novembre prochain... Oui, mon cher Edmond, pour novembre !... Tiens, fais-moi l'amitié d'être plus content qu'étonné et donne-moi un coup de main sur l'épaule. Tu devines sans peine la raison de mon retour ; lors même que tout ne m'attirerait pas à Dijon, ma mère, qui est là toute seule, après avoir passé vingt ans de sa vie au milieu d'une famille nombreuse, serait un motif plus que suffisant pour moi. Je lui ai écrit pour lui offrir de retourner près d'elle, et, dans sa réponse, elle m'a laissé maître absolu de ma conduite, m'exposant avec une impartialité toute maternelle les inconvénients et les avantages de l'un et de l'autre parti. Mais c'est un devoir pour moi de ne pas abandonner sa vieillesse à la solitude et je dois me souvenir que je suis le seul de ses enfants à qui sa position permette ce devoir.

Sans doute, si mes frères ne se fussent pas éloignés successivement, j'aurais fait au barreau de Paris mon stage complet.

« Garde-moi ce secret que tu connais seul avec Ladey et Lorain. Je désire, avant de parler à personne de mon retour à Dijon, en informer MM. Riambourg et Guillemin. Je t'embrasse de tout mon cœur avec une amitié que tu connaîtras mieux un jour.

« Henri Lacordaire. »

Prosper Lorain à Ladey, à Luxeuil

« Dijon, 23 juillet 1823.

« Boissard vient de me communiquer ta dernière lettre. Tes expressions m'ont fait de la peine. Pourquoi ta colère ou ta défiance te font-elles si souvent oublier mon amitié ? Il serait trop fier de m'excuser et trop habituel de me plaindre... Si tu te venges de ceux qui t'aiment, que réserves-tu à tes ennemis ?

« Prosper. »

Lacordaire à Ladey, à Luxeuil

« Paris, 29 juillet 1823.

« Te voilà donc encore une fois aux eaux de Luxeuil, mon cher Victor, et je viens te tenir compagnie dans ta solitude... Je songe sans cesse à notre réunion prochaine, à notre union intime, à nos travaux communs, à tout ce qu'il y a de charme dans une vie active qui a pour but d'honorables succès partagés par de sincères amis. Nous ouvrirons ainsi notre carrière sous des auspices heureux, et il faut espérer que nous arriverons au bout en nous donnant toujours la main. Toi surtout, mon ami, tu as besoin de vivre avec d'autres, parce que seul l'insouciance te dominerait. Je ne sais d'ailleurs si ton caractère n'exige pas le frottement continuel de l'amitié, et je t'avoue que je ne comprends pas bien ta manière d'être avec Prosper. Peut-être a-t-il des torts, peut-être aussi te fais-tu illusion sur les droits que donne l'amitié. Mon cher, ils sont grands, mais plus ils le sont, plus les devoirs qui en naissent sont étroits. Tu sais bien qu'en toute chose le devoir est en proportion du droit, puisque le droit qu'on exerce est un devoir rempli par un autre. Avec le système que tu suis, tu serais adoré par une femme et tu perdrais un ami. Je t'invite à relire le chapitre de la Bruyère intitulé *du Cœur*. Il est court et il est admirable. Je le relis souvent parce qu'il traite des rapports des hommes entre eux, des femmes entre elles, et des hommes avec les femmes : la société ou *le monde* n'est que cela.

« Adieu, mon ami, écris-moi le plus tôt possible. Parle-moi de tes promenades, des incidents qui arrivent aux bains, des dames qui s'y trouvent, de la cour que tu leur fais... Ah ! mon Dieu, j'oublie que je parle à un sauvage, à un homme qui ne sait pas baiser au front une femme. Adieu, cher polisson.

« H. Lacordaire. »

Lacordaire à Prosper Lorain.

« Paris, 3 août 1823.

« Mon cher ami, pendant que la foule se précipite au Champ-de-Mars pour voir Mlle Garnerin s'élever dans un ballon au risque de se casser le cou, je me sauve du tumulte et de la poussière pour m'enfermer dans ma chambre et causer longuement avec toi. Dans ta dernière lettre tu me parles d'un succès obtenu par les vers de Ladey.

« Je suis enchanté que ce cher ami soit enfin notre confrère au barreau, à la Société d'Études et à la Basoche et j'ai l'espérance que nous allons enfin l'entraîner dans une vie nouvelle où ses talents pourront se mettre au jour. Il vient de recevoir ces jours-ci une lettre de moi et son héraclitisme se sera sans doute un peu déridé... J'aimerais assez que Victor eût vu, comme nous, la capitale afin que son imagination satisfaite ne se portât point trop vers ce pays qui est si grand de loin et qu'il y eût un rapport de plus dans nos destinées.

« A l'égard d'Abord, je serais charmé qu'il associât ses espérances aux nôtres, non seulement parce qu'il est doué d'heureuses qualités, mais encore parce qu'il a un caractère aimable, aimant, digne d'être aimé. Il y a d'ailleurs, entre ses habitudes et celles de Ladey, une ressemblance assez piquante : tous deux spirituels, insouciants par goût, d'un amour-propre actif, habiles à saisir le ridicule, rétablissant entre leur esprit et celui des autres l'équilibre qu'ils devraient maintenir par le travail, faciles à s'affecter pour une plaisanterie parce que nul n'aime qu'on chasse sur ses terres, tous deux d'une figure agréable qu'ils soignent volontiers, aimant les femmes et menacés d'être aimés d'elles, tous deux bien supérieurs au portrait que j'en fais là. Je te recommande de montrer ce croquis à Victor, afin qu'il se fâche un peu et qu'il t'envoie mon esquisse.

« Ah! ça, je disais donc que l'année prochaine nous serions heureux et forts de l'union qui règne entre nous. Oui, mon cher ami, nous avons besoin d'être ensemble pour nous soutenir dans la carrière épineuse où nous entrons, pour répandre quelques fleurs sur un travail pénible quoiqu'intéressant et aussi pour nous consoler dans notre modération de l'aveugle fureur des partis et attendre des temps meilleurs ou périr en nous embrassant, au milieu des discordes civiles. Je ne sais quel sera l'avenir politique de la France et de l'Europe; mais il me semble que la génération nouvelle sera encore plus divisée que l'ancienne. C'est toujours le contrat social et le droit divin, et, comme on ne fait rien pour trouver le juste milieu, que le vainqueur veut jouir de tous les avantages et le vaincu conserver toutes les espérances, l'un par enivrement, l'autre par fierté, on ne peut prévoir qu'action et réaction.

« Te dirai-je que dernièrement le procureur général a fait demander la liste des membres de nos conférences de droit qui se tiennent au palais, et qu'ensuite le président du tribunal de première instance a mandé l'un de nous pour lui faire des observations sur notre travail, l'adjurer si nous ne faisions point partie de sociétés secrètes, etc., etc…

« Cet état de choses est vraiment déplorable, et si le duc de Bordeaux n'est pas élevé comme il doit l'être, nous et nos enfants nous sommes perdus. Du moins nous pourrons nous dire à l'oreille ce que nous pensons et plaindre la violence des deux partis, jusqu'à ce qu'une vague venue de l'un ou l'autre rivage nous emporte en passant.

« J'ai plaidé aux assises et j'ai réussi à sauver mon client de la prévention de faux. Le *Journal des Débats* m'a nommé dans son numéro du 26 juillet. Je viens d'acheter Berryat-Saint-Prix, parce que mon intention est d'étudier la procédure, ces vacances. Voilà à peu près toutes les nouvelles qui me concernent personnellement. J'ai entendu hier Hennequin plaider pour M. de Forbin-Janson, dans l'affaire des *marchés à terme*. Il a plaidé comme un Dieu. Je n'ai pas été content de M. Tripier. Je suis assidûment les audiences.

« J'ai dîné chez M. Gerbet jeudi dernier et nous avons disputé sur le système de M. de La Mennais, jusqu'à onze heures du soir. Le repas a été gai.

« Adieu, mon cher ami, embrasse Ladey pour moi.

« H. Lacordaire. »

Le jeune et brillant avocat intéressait extrêmement M. l'abbé Gerbet, qui l'attirait chez lui, comme il voudra, dans la suite, l'attacher à M. de La Mennais. Lacordaire se montra sensible à cette bienveillance dont il devait garder le souvenir. « C'est quelque chose — dira-t-il plus tard, — que ces visites d'un jeune homme à des hommes qui ne sont pas de son âge, qui l'ont précédé dans la vie et dont il espère, sans qu'il sache bien pourquoi, un accueil bienveillant. Jusque-là il n'a vécu que dans sa famille et avec ses amis; il n'a pas vu l'homme, il n'a pas abordé cette plage douloureuse où tant de flots déposent des plantes amères et creusent d'âpres sillons. »

Lacordaire à Boissard

« Paris, 17 août 1823

« Mon cher Edmond,

« Je veux te parler des nouvelles politiques du jour qui, probablement, n'ont pas encore percé jusqu'à Dijon. Ouvre tes oreilles. On dit que les Cortès ont remis le roi entre les mains du duc d'Angoulême afin que le roi, libre et hors de Cadix, pût promettre aux Cortès et d'une manière valable, une bonne constitution. Qu'en effet le Roi a prêté serment, entre les mains du duc d'Angoulême, d'accorder aux Espagnes une charte semblable à celle de la France, et qu'il a, de plus, solennellement promis une amnistie générale. *On dit* que l'Angleterre, la France, l'Espagne et le Portugal ont voulu un traité d'alliance offensive et défensive et que les États-Unis d'Amérique seront invités à accéder à ce traité. *On dit* que la régence de Madrid était placée sous l'influence immédiate de la Russie et des partisans du pouvoir absolu en Europe, mais que son règne est passé. *On dit* enfin que, le 25 août 1823, jour de la fête de Sa Majesté

Louis XVIII, toutes ces belles choses seront proclamées à la face de la France et de l'Europe. Si cela est vrai, ce sera un grand et mémorable événement qui pourra changer la face des choses, qui nous donnera des garanties pour notre avenir constitutionnel et qui ramènerait peut-être beaucoup de personnes aux Bourbons. Je sais que pour ma part je crierais *vive le Roi !* de bon cœur. Le règne de Louis XVIII serait grand dans l'histoire, comme tous les règnes qui ont créé un système.

« Ladey est-il revenu de Luxeuil? — Dis-lui que je l'aime et que je l'embrasse. Ne le dis pas à Prosper, parce que cela est inutile après l'avoir dit à l'autre. Et toi, quand vas-tu promener tes loisirs dans le fond du Jura, sous les forêts de sapin (1)? Tu ne saurais croire quelle envie il me prend toutes les fois que je songe à ces montagnes. — Je voudrais faire mon paquet et m'en aller courir, comme un troubadour, tout au travers de ce pays — Adieu, je termine ce bavardage qui ne signifie pas beaucoup en t'embrassant, ce qui signifie beaucoup.

« Henri Lacordaire. »

---

(1) A Fortbonnet, propriété de la famille Boissard, entre Bougeailles et Pontarlier.

Lacordaire à Ladey, à Dijon

« Paris, 30 août 1823.

« Sais-tu, mon cher Victor, que je vais avoir des vacances nomades ? Je tournerai tout autour de Dijon sans y entrer, comme Tibère, à ce que je crois. Je ne sais où vous adresser mes épîtres. Dis cela à Lorain, à Boissard, dis-leur que je les préviendrai quand ils devront m'écrire.

« Adieu, aime-moi aussi longtemps que je t'aimerai...

« Henri. »

Victor Ladey à Boissard et à Lorain

« Dijon, 1er sept. 1823.

« Lacordaire m'annonce qu'il quitte Paris, qu'il va courir la campagne toutes les vacances, n'entrera pas dans Dijon et qu'on ne peut lui écrire sûrement nulle part! A la garde de Dieu. Vous n'êtes qu'éloignés, vous au moins, mais lui, le voilà mort jusqu'au 15 novembre.

« V. L. »

Lacordaire à Ladey

Bussières (Côte-d'Or), 18 sept. 1823.

« Mon cher ami,

« Tu as dû trouver ma dernière lettre bien laconique et peu compréhensible. J'avais pris la résolution de ne pas quitter Paris avant le commencement de novembre. Mais plusieurs personnes me pressèrent de prendre des vacances. Je sentais que j'en avais besoin.

« Je partis sans te donner mon adresse. Jusqu'au 15 je ne suis pas resté deux jours de suite dans le même lieu, et de plus je n'étais pas sûr d'avoir rejoint maman à cette époque. Ainsi, mon très aimable et très irascible Victor, point de gronderie, ni de bouderie, ni rien qui y ressemble. Tu sais bien que lorsqu'il y a quelque chose d'extraordinaire dans ma conduite, ce n'est pas à mon amitié qu'il faut faire le procès.

« Que fais-tu dans ta solitude dijonnaise? Que font nos amis : *quid* de Lorain ? *quid* de Boissard? *quid* d'Abord ? Que devient Foisset ? Prosper m'écrit de petits, petits bouts de lettres. Je compte sur toi pour un ample dédommagement ; je te répondrai une grande lettre où je monterai sur le ton d'un prédicateur et où je te ferai des reproches sérieux sur quelque chose qui peut te faire du tort, devine, homme d'esprit !... As-tu vu à Luxeuil une jeune demoiselle de quinze à seize ans, d'une taille moyenne, avec des cheveux noirs, un teint pâle sans être maladif, quelque chose de doux et de gracieux répandu sur ses traits qui n'ont rien de précisément joli ? Laquelle demoiselle était accompagnée de deux dames dont l'une fort grosse ? — Mon cher ours, l'as-tu vue ?

« Bien des choses à Lorain, à Boissard. Écris-moi ici jusqu'au 1er octobre. Adieu, et tout à toi.

« Henri. »

Lacordaire ne revit ni Ladey ni les autres.

Ne semble-t-il pas qu'en agissant ainsi Lacordaire veuille moins se dérober aux démonstrations de ses amis que se soustraire à ses propres épanchements ? Le grand œuvre de la vérité s'édifiait en lui, mais sans s'achever encore : si toutes ses facultés en étaient saisies, cette impression puissante le faisait tressaillir jusqu'au fond de l'âme. Comment contenir, en présence de ceux qui lui sont si chers, cette émotion que tout en lui pouvait trahir ? Si les effusions de son cœur étaient rares, — comme tout ce qui est fort, — il en redoutait l'éveil et l'élan. « Ce fut ainsi, disait-il, que mon départ ressemblait à une fuite. » « C'est une impardonnable défection, » s'écriaient ses amis.

III

Lacordaire à Ladey

« Paris, sans date, probablement au milieu d'octobre.

« Mon ami,

« Je ne sais comment m'y prendre pour te dire que je suis à Paris au moment où tu espères me voir à Dijon, où peut-être tu épies le bruit de mes pas sur ton escalier. Oui, mon cher Victor, je suis à Paris et je savais, quand je suis allé à la campagne, que je devais y retourner.

« Ce fut dans le cours du mois d'août que maman m'écrivit que toutes les personnes à qui elle avait parlé de mon dessein l'avaient hautement désapprouvé et me témoigna que ce serait un grand désagrément pour elle si je persistais à revenir à Dijon. Je fus accablé pendant un jour de cette lettre, non qu'elle fût un ordre, qu'elle y ressemblât même de loin, mais elle ouvrait une nouvelle carrière à mes réflexions et, puisqu'il s'agissait de me fixer définitivement à Paris, il s'agissait aussi de voir de plus près quels avantages me présentait ce séjour, et si ces avantages valaient la peine de leur faire un grand sacrifice. Je l'ai cru, et le lendemain j'ai répondu que je restais. Le surlendemain je me suis décidé à aller passer deux mois dans ma famille. J'ai hésité quelque temps si je n'apprendrais pas à mes amis cette nouvelle résolution. J'ai craint, peut-être à tort, de vous enlever un espoir qui pouvait plus ou moins charmer vos vacances et ce sentiment tenait plus à l'amitié qu'à l'amour-propre ; il ne tenait qu'à l'amitié ! Tu as dû remarquer que depuis cette époque mes lettres ne disaient rien de mon retour et signifiaient peu de chose. Tu en vois aujourd'hui la cause.

« Mon ami, j'espère que nous serons toujours les mêmes dans nos rapports d'amitié. Ma position est changée, il est vrai, et je ne me crois plus destiné à passer ma vie avec vous ; mais on peut s'aimer de loin comme de près. Toi, Boissard et Lorain me serez toujours bien chers et je veux entretenir avec vous une correspondance suivie... J'ai entendu dire que Lorain se marierait prochainement et, je ne sais pourquoi, cela m'a fait de la peine ; peut-être cela m'a-t-il fait mieux voir la distance d'âge qui existe entre nous et lui. J'ai cru le voir entrer dans un autre monde et mes regrets de vivre loin de vous ont un peu diminué parce que j'ai compris que cette unité que nous rêvions n'aurait pas duré longtemps.

« Il faut dire aussi que j'ai souffert de cette idée. Tu ne devineras jamais qui m'a appris cette nouvelle, et où j'ai rencontré celui de qui je la tiens. On pêchait un étang qu'on appelle Essaroy et qui est au milieu des bois, à quatre lieues de Châtillon ; j'arrive et je me promène sur la chaussée où je rencontre une jeune dame que nous abordons. Un jeune homme passe et nous salue avec grâce. J'entends prononcer le nom de Boucley et n'y fais nulle attention. Je revois à plusieurs reprises ce jeune homme e enfin j'entends dire qu'il est professeur à Besançon... Je l'aborde, je lui demande sans me nommer des nouvelles de Clerc, de Varin, de Foisset, je parle de Paris. Vous êtes peut-être M. Lacordaire? me dit ce jeune homme. — Oui, Monsieur ; vous retournez à Dijon? — Non à Paris.—A Paris!... ah! ce pauvre Foisset, il comptait tant sur vous ! Il m'a parlé de vous pendant trois quarts d'heure la dernière fois que je l'ai vu. Il comptait tant vous retrouver...

« Je ne travaille plus cette année ni chez M. Guillemin, ni chez personne, mais dans mon cabinet. Ne dis encore cela qu'à nos amis,

Lorain et Boissard. Cette lettre est, au reste, pour tous trois. Point de découragement.

« Ton ami.

« Henri Lacordaire. »

Lorain à Ladey

« Chazoux, 26 octobre 1823.

« Rien ne se fait comme je l'espère, te disais-je dans ma dernière lettre. Quels mots prophétiques, mon cher Victor !... Pouvais-je jamais croire qu'ils comprendraient aussi la fuite de Lacordaire ? La fuite de Lacordaire !

« Après tant de révolutions, de confidences, de réflexions, de mystères ! Ce coup m'a étourdi. J'ai soudain renoncé à mon voyage de Charolles (1), mille idées ont traversé mon cerveau. Et cependant une crainte vague m'occupait, son long silence, une lettre unique et tardive où il me parlait de son amitié sans me rien dire de notre prochaine réunion, cette défiance qu'un homme heureux a de son propre bonheur, tout cela m'agitait malgré moi, mais dans ces légères appréhensions il y avait tant d'espérance, de certitude ! Il est parti. S'il nous aime, s'il se laisse entraîner par son ambition ou celle de sa famille, il n'est pas plus content que nous.

(1) Où l'appelait un projet de mariage.

« Comme nous arrangions notre avenir autour de lui ! Comme nous lui donnions autour de nous une belle place ! Il a quitté ses amis, sa patrie, il va jeter dans un grand monde sa santé, ses talents. Souhaitons que ses succès puissent valoir ce qu'il perd.

« Ne déshonorons pas son départ par un découragement indigne de lui et de nous ; nos lettres et notre affection suivront celui qui nous abandonne. Séparées des siennes, nos espérances sont moins douces, mais notre avenir est en nous-mêmes. Méritons la place dont notre esprit s'est dès longtemps emparé. Aimons-nous bien et que la perte d'un ami ne fasse de mal qu'à nos cœurs. Ah ! mon Dieu ! que Lacordaire eût été bien placé à Dijon ! Peut-être nous reviendra-t-il un jour avec des illusions de moins. Aujourd'hui il rentrait dans sa patrie avec le plus brillant cortège de réputation et d'espérances. Son retour était une nouvelle publique. Allons, ne nous plaignons plus.

« Adieu, le courage ne manque jamais à des amis qui s'embrassent.

« Prosper. »

Le 27 octobre, Lorain écrivait encore à Ladey :

« Point de lettre de toi, cela m'inquiète.

Que nous allons bien travailler, bien nous aimer cette année ! Je te verrai samedi, nous causerons de notre travail, de nos affaires. Il faut décidément que tu sois un homme. Je ne te parle plus de Lacordaire, de peur d'en dire du mal. L'as-tu revu? Dis-le moi courrier par courrier.

« Prosper. »

Lacordaire à Boissard

« Paris, 15 novembre 1823.

« Je te remercie, mon cher Boissard, d'avoir bien voulu servir de secrétaire à Ladey qui, à ce qu'il paraît, me juge indigne de recevoir une phrase de sa main. Tu me reproches, mon cher ami, de vous avoir annoncé mon retour dans la capitale comme une chose qui vous serait indifférente ou à laquelle vous seriez préparés. Indifférente, non ; préparés, oui. Sans être bien sûr que vous saviez ma nouvelle résolution, je m'en doutais. Tu crains que notre liaison se relâche peu à peu. Eh ! mon cher, tu me forces à m'écrier comme Foisset dans une occasion importante : qu'on me dise une fois pour toutes si l'amitié ne peut pas survivre au voisinage... Le cœur de celui qui écrit, dis-tu, est bien vite sous la dépendance de l'esprit. C'est là une fort jolie phrase, mais je crois qu'en général un homme qui sait écrire ne subordonne pas sa pensée à son style, surtout dans une lettre, de sorte que lorsqu'on écrit avec l'intention d'être vrai et de peindre une situation morale, on la peint telle qu'elle est. Si tu me dis qu'on cesse d'être vrai pour s'amuser à faire des phrases, que veux-tu que je te réponde, sinon que je ne suis pas de ces hommes-là. Mon ami, nous serons toujours amis. Écris-moi souvent, parle-moi de toi, parle-m'en toujours. Je t'écrirai souvent, je te parlerai de moi, je t'en parlerai toujours. Es-tu content, Coucy ?

« Ah ça ! eh bien ! la lettre de Fortbonnet, quand viendra-t-elle, monsieur le prophète du Jura, vous croyez avoir des inspirations sur vos montagnes, parmi vos sapins et vos vaches !...

« Adieu, embrasse ce vaurien de Victor, dis-lui qu'il n'y a rien de si sot que de bouder.

« Ton ami.

« Henri Lacordaire. »

Lacordaire à Ladey.

« Paris, 24 décembre 1823, onze heures du soir.

« Voilà deux mois que tu es malade, mon cher Victor, et j'ai eu la cruauté de ne pas te demander des nouvelles de ta pauvre santé. Il est vrai que tu étais entre bonnes mains et que quand on a l'amitié au chevet de son lit, on ne songe guère à celle qui dort à soixante et dix lieues.

« Boissard te charmait par les sons de sa guitare, Lorain te fermait les yeux en te lisant les Puritains et en faisant des pauses sur le caractère généreux de lord Evandale ; tu te réveillais parfois en songeant au journal qui doit commencer ton auréole littéraire et en te moquant de tous les lys de la Bourgogne, passés, présents et à venir. Ta chambre partait alors d'un éclat de rire et la fièvre s'en allait de rage jusque sur la place St-Michel où Dieu la tienne en joie ! Que de conversations aimables auxquelles je n'assiste plus depuis un an ! Que de promenades au parc, sur les boulevards, à l'arquebuse dont j'aurais fait partie ! O dulces Argos ! O mes bons amis ! ainsi va le monde ; nous voilà séparés pour longtemps, peut-être pour toujours et à quoi a-t-il tenu que je restasse au milieu de vous ? Allez, j'y songe souvent... L'année dernière je pouvais encore retourner à vous, la pluie tombait encore entre les fentes de ma nouvelle cabane ; mais je l'orne maintenant ; j'y ai suspendu mes flèches, des peaux de castor et le ciel est bleu. Du moins ne soyons pas malades à ne pas nous écrire. Le feu sacré lui-même pouvait s'éteindre, faute de soins, et il y a toujours dans les hommes un côté faible qu'il faut savoir respecter.

« Je vais dormir là dessus et je souhaite une bonne nuit à mon cher Victor. Je l'aime comme la Suisse et j'aime ses lettres comme lui. Bonne nuit donc et puissé-je demain me réveiller au mont Righi, entendre le vent battre mes fenêtres ! Ah ! je me souviens d'un autre *utinam!* Ainsi va le monde ; et puis jouez de la guitare, lisez les Puritains, aimez lord Evandale : il faudra quitter tout cela : *Linquenda domus et placens uxor.*

« Adieu, voilà mon bonnet sur ma tête. Je dors et je signe, ton ami H. L. »

Lacordaire à Boissard.

« Paris, 3 janvier 1824.

« Nous voici en 1824. Encore une année de plus sur la tête, mon ami! et cependant on se félicite à cette époque, on offre des bonbons aux dames en leur disant de la manière la plus charmante du monde qu'elles sont vieillies; on s'embrasse de toutes parts, jeunes, vieux, pauvres, riches ; et la cause de ce mouvement est un pas de plus vers la mort; d'un autre côté on est bien aise de se sentir plein de vie avec une année en sus du fardeau. C'est ainsi qu'on peut s'expliquer le jour de l'an et, au surplus, personne ne songe à tout cela; on s'embrasse par préjugé, mais ce n'est point par préjugé que je t'écris ; c'est en pleine connaissance de cause, que tu sois l'Edmond d'aujourd'hui ou l'Edmond d'un autre temps, peu m'importe, je suis content des deux.

« Ah ! çà, dites-moi donc ce que vous faites dans votre Société d'Études, et dans votre province? Rembarre un peu mes airs fashionables; ne soyez pas si pâles au fond de votre tombeau.

Remuez-vous. On a reçu ici une lettre de votre secrétaire tout à fait décolorée. On vous a envoyé un traité avec un amendement relatif au droit de la société de Paris, qui veut être métropole et qui l'est par la nature des choses. Qu'en dit Lorain ? Il en est pour la dignité. J'avoue que je l'oublie quelquefois dans mon inquiétude active. Mes idées ont des jambes.

« Je vois quelquefois Félix Varin (1) que tu m'as adressé. Je plaide, je me porte bien, je m'habitue à Paris. Adieu. Ton ami,

« Henri LACORDAIRE. »

(1) Félix Varin d'Ainvelle, devint ingénieur en chef des mines, mourut dans le Gard en 1857. Son frère Amédée, que connaissait aussi Lacordaire, habitait Besançon et fut nommé conseiller à cette cour; il mourut à Burgille (Jura), en 1848.

Lacordaire à Ladey.

« Paris, 3 janvier 1824.

« Mon cher ami,

« J'ai vu l'école des vieillards, cette comédie du poète de l'époque, annoncée si longtemps d'avance, jouée par Mlle Mars et Talma. J'ai vu la merveille du jour. Le plan m'a paru conduit avec sagesse, les moyens gradués avec art, le dénouement un peu brusque; la versification est pleine d'éclat et de vérité. Mlle Mars joue avec une perfection qui enchante le rôle de cette jeune femme unie à un homme de soixante ans qu'elle aime parce qu'il est bon et parce qu'elle le doit ; mais qui n'a pas la force de sacrifier à l'amitié des plaisirs que son mari ne peut partager et où elle est entraînée par la séduction de cette vanité douce et secrète qui agit sur le cœur de toute femme et qui la pousse sur le théâtre où elle doit paraître belle aux yeux de ceux pour qui elle a été faite belle. Si tu voyais avec quels regards, quels gestes, quelle légèreté d'organe, quelle suavité d'expression Mlle Mars presse son mari de la mener au bal, tu serais tenté d'aller te jeter à ses pieds.

« Talma joue le rôle de Danville avec beaucoup de naturel et de tact. Il est beau dans les moments de fureur, mais il lui manque une certaine force comique qui donnerait plus de ton aux scènes et qui réveillerait le sentiment de l'art. Il y a une manière d'être naturel et de rester acteur.

« Cette comédie contient d'ailleurs de grandes leçons. C'est la peinture fidèle d'un intérieur de famille dont les membres ne sont pas unis par une proportion d'âge à peu près telle que le veut la nature. Que nos mœurs sont étonnantes ! Autrefois, l'adultère était un crime punissable de mort, et aujourd'hui il est soumis à un simple emprisonnement, et l'opinion ne flétrit pas ces hommes qui vivent du déshonneur des épouses et des mères. Une loi de convention, protégée par les femmes, soutenue par les jeunes gens, s'est glissée partout et a fait de la galanterie un commerce de plaisirs d'autant plus doux qu'il porte atteinte à des droits sacrés.

« Tu connais Hippolyte Régnier (1); il était ici depuis deux mois sans que je le susse et je

---

(1) De Dijon ; — il mourut à Paris, jeune encore, assisté par Henri Lacordaire, alors entré dans les ordres.

l'ai rencontré aujourd'hui. Son imagination et son genre d'esprit m'ont toujours beaucoup plu. J'ai cru voir tout Dijon dans ses yeux et je l'ai embrassé avec une ouverture de cœur bien large. Explique-moi ceci : d'où vient que je reçois toujours avec un froid glacial les personnes que j'attends, quelque chères qu'elles me soient, et qu'au contraire, lorsque je ne les attends pas, je leur saute au cou avec transport ? Je crois que mon âme a un premier mouvement qui est de feu ou bien encore l'imagination ne s'échauffe-t-elle pas à la vue d'un objet réel inattendu, tandis qu'elle se refroidit à la vue de l'objet réel attendu ? Il y a là certainement une clef de caractère.

« Nous sommes donc en 1824 ? J'ai donc des vœux à t'adresser et à t'envoyer des dragées. Que te dirais-je ?... Je te souhaite de la souciance.

« Adieu, mon cher Victor, je t'embrasse comme je t'aime.

« Henri LACORDAIRE. »

Lacordaire à Ladey

« Paris, 14 février 1824.

« Bonjour, Victor.

« Ce n'est plus de la rue Mont-Thabor, près de la rue Castiglione, près de la place Vendôme, près des Tuileries, que t'écrit ton confrère en droit et en amitié. Croirais-tu que je suis dans le Marais, dans un tombeau, en province, rue d'Orléans, 7, en face de l'église des Capucins. Oui, mon ami, en face de l'église des Capucins. Ce n'est pas que je ne sois très bien logé, largement, pas cher; un salon à deux fenêtres, un cabinet, une bibliothèque, un arrière-cabinet, une alcôve, une antichambre, deux entrées. Ce n'est pas que mon quartier soit à dédaigner; je suis entre M. de Sèze et M. Bellart, il est vrai qu'ils ont un carrosse et que je n'en ai pas. Enfin quelle raison? La voici, mon cher Victor, quoique je dusse user de stratagème afin que tu m'écrivisses pour me demander des détails, car je ne m'accommode pas de ces dix années de silence que tu me prophétises avec une douceur d'accent tout à fait séduisante. Dix années ! est-ce que nous devons encore en vivre plus de cinq ? Lorain ne t'a-t-il pas dit que notre esprit nous mangerait un de ces quatre matins ?

« Voici pourquoi j'ai quitté mon logement, qui cependant me plaisait fort. Tu sais peut-être que je travaille de temps en temps pour M. Mourre, procureur général à la Cour de cassation, qui demeure rue Neuve-Saint-Paul, 4, c'est-à-dire à une lieue de mon autre domicile. Je me suis donc placé entre lui et le Palais.

« Régnier a désiré demeurer près de moi parce que je travaille de temps en temps avec lui. Je lui ai cédé une première chambre indépendante et nous ne nous gênerons ni l'un ni l'autre, tout en ayant les agréments d'une compagnie sans en avoir les inconvénients. Je craignais d'abord qu'il n'eût plus de goût pour la dissipation que pour l'étude, mais il est vraiment exemplaire et j'en suis très content.

« J'ai plaidé aux assises. Je plaide le 19 en première instance ; j'ai plaidé aux bonnes études. Tout va le mieux du monde. Adieu, je suis pressé. Je t'embrasse, je t'aime. Bonjour à Boissard, à Lorain...

« Parle-moi, parle-moi, si tu viens à Paris

comme tu me le laisses entrevoir, il y a dans mon hôtel une chambre et un cabinet vides.

« Adieu, adieu, ton ami,

« H. L. »

Rue d'Orléans, 7, au Marais.

Lacordaire à Ladey

« Paris, ce 28 mars 1824.

« Mon cher Victor, il y a bien longtemps que tu attends un petit mot catholique, apostolique et romain de l'habitant du Marais, et à vrai dire, c'est un peu ta faute. Pourquoi ne mets-tu pas de dates à tes lettres? Est-ce que tu t'imagines que je songe tellement à votre ville de Dijon que je puisse me souvenir au juste que M. Victor Ladey, avocat à la Cour royale, m'a écrit tel jour ou telle nuit de tel mois, un griffonnage illisible où il est question de Dieu et du diable, de projets, d'espérances et de gloire? Parbleu! tu es bon là. Et maintenant voici trois lettres déployées sur mon bureau qu'il faut que je déchiffre encore une fois pour avoir le moyen d'y répondre un peu congrument.

« Trois lettres en cinq mois! Quel effort d'amitié! et moi je ne te cède pas en oubli et en paresse. Pauvre Victor! tu m'annonçais dans ton dernier grimoire une je ne sais quelle affaire que j'attends encore *a matutino ad noctem*, et une lettre d'abord qui est venue réveiller en moi quelques souvenirs du cœur.

« Quand je songe à tout ce que nous avons fait l'an dernier, il me semble que nous avons été bien fous et bien petits et que l'amour-propre est une terrible chose, puisqu'il peut dénaturer un moment des caractères nobles et généreux (1). Qu'en dis-tu ?

« Je viens de recevoir une carte de Lorain où il me parle du Mémorial catholique et me soupçonne l'auteur d'un article signé H. L. Il a raison, mais gardez-m'en le secret. J'ai assisté à la dernière séance des bonnes lettres, où M. Berryer a parlé sur l'éloquence parlementaire. J'ai entendu deux fois M. Guillemin et deux fois je suis tombé sur un jour néfaste. Il parle avec beaucoup d'élégance, et il a une facilité de périodes harmonieuses qui séduit, quoiqu'on s'aperçoive bientôt qu'il a des moules tout faits. Je ne sais, mais il me semble que ce n'est là qu'une ombre de ces anciens rhéteurs grecs dont on raconte des choses si extraordinaires. Au reste, voilà le prestige de ce qui est loin de nous. Quel enchanteur que le temps !

(1) Au sujet d'un imbroglio qui, pendant une année, sépara Foisset et Lacordaire.

« Vous êtes heureux, vous autres ; vous pouvez parler de moi et je ne puis guère parler de vous. Personne ne vous connaît assez pour me comprendre. Adieu. Je plaide demain une jolie cause. Quand viens-tu à Paris ?

« Henri LACORDAIRE. »

Lacordaire à Ladey

« Paris, 17 avril 1824.

« Avant de bavarder avec toi, mon très aimable fou, il faut que je te prie de me rendre un service et que tu te décides à quitter tes pantoufles pour tes bottes. *Surge et audi!* Tu iras trouver le secrétaire externe de la Société d'Études et tu le prieras de te remettre mon discours sur *la liberté*, tu en feras tirer une copie et me l'enverras. La Société de la rue Cassette donne une séance publique et les membres veulent que je leur fasse quelque chose, le temps me manque et je voudrais simplement refondre ce discours. Si tu es exact à me l'envoyer, je t'adresserai un petit rayon de la gloire que j'aurai acquise, avec un microscope par-dessus le marché.

« Puisque nous en sommes sur la gloire, je te dirai que j'ai plaidé en première instance une cause intéressante et que je l'ai gagnée complètement. Le procès serait trop long à raconter et il ne faut pas faire de nos lettres un journal d'audiences.

« Dis-moi donc pourquoi ta dernière lettre était si sombre ; tu m'y parles d'autodafés, de missionnaires, de systèmes, de brouilleries. Sais-tu que je n'ai pas compris un seul mot de tout cela. Tu es devenu grave et penseur ; tu as sondé et pesé les choses ; mais quelles choses ?

« Il faut que je te déride par une petite histoire. Notre camarade de collège, Mézillac, que tu connais bien, est maintenant lancé dans les aventures jusqu'au cou ; après s'être sauvé du collège pour entrer au séminaire, où il est resté quinze jours, il est entré dans une manufacture de glaces comme premier commis. Depuis quelque temps il s'est enfui de nouveau et il se trouve dans un port de mer prêt à s'embarquer pour je ne sais où. Voilà cependant comme un seul coup de tête perd un homme. S'il avait continué ses mathématiques, il serait aujourd'hui dans un poste honorable comme Darcy (1) et plusieurs autres. Cela me fait de la peine quand je songe à tout son esprit, et je me souviens encore que j'aimais à lui présager une existence brillante. Il a fait naufrage cependant, et par une seule faute. S'en relèvera-

---

(1) Henri Darcy, sorti de l'École polytechnique, était alors ingénieur des ponts et chaussées. On sait la superbe carrière qu'il parcourut.

t-il? Je ne pensais pas envisager cette anecdote sous un point de vue si sérieux et j'ai regret de lui avoir donné tant de place.

« Voilà les fêtes de Longchamps passées et l'été qui arrive à bride abattue. L'année dernière à cette époque j'attendais Lorain. Probablement je n'aurai pas un mois de mai si agréable que celui où j'ai reçu cette douce visite, à moins que quelqu'un d'entre vous n'arrive incognito pour surprendre son ami au milieu de ses livres, d'un petit nombre de dossiers et de toutes ses illusions.

« La Société de la rue Neuve-Saint-Augustin a reçu plusieurs discours remarquables sur *les Avantages de la légitimité.* Dans l'un d'eux, l'auteur introduit Bonaparte à la veille de se faire nommer empereur. Il est huit heures du soir : un portefeuille est ouvert sur une table ; à minuit, Bonaparte doit se déclarer et faire partir les paquets préparés pour la province. Il a appelé auprès de lui Fontanes, Carnot et Fouché ; l'un, ami de ses anciens maîtres, l'autre fier républicain, le troisième dévoué à l'empire, et tous trois agitent devant César, qui les écoute et les interrompt par des éclairs, le parti qui est le plus utile à la France. Dans cette discussion, la question de la légitimité est traitée sous toutes ses faces, avec profondeur et originalité. Si cela est bien fait, ce doit être beau.

« Adieu, mon ami. Je rêvais hier soir à une chose dont je te parlerai dans ma prochaine lettre.

« Ton ami, Henri. »

DEUXIÈME PARTIE

SÉMINAIRE

> « *Je suis content de l'avenir, car je l'ai placé au delà de cette vie.* »

Entre le rêve du soir et la confidence du lendemain, il y a un abîme : hier le monde et la lutte ; demain le désert, mais la paix, une paix inénarrable.

Lacordaire était prêt. « C'est une grande heure, — disait-il, — que celle où un homme est prêt. »

Lacordaire croyait. Mais cette œuvre ne se fit pas sans violence. La main invisible qui conduit l'âme, tantôt l'abandonne, tantôt la retient ; en effet, son intelligence creusait encore le dur sillon que déjà son cœur aimait, car le plein éclat de la vérité lui vint par les illuminations de l'amour : « J'ai pleuré ; quand on pleure, on croit bientôt. »

A ces clartés sincèrement cherchées, Lacordaire arriva degré après degré, se heurtant à la raison humaine si infirme, si empêchée par ses seules forces de comprendre les mystères de la foi. Il sortit très fort de cette épreuve. Aussi, lorsque Dieu l'amena à l'infini de la grâce, on peut dire qu'il y fut amené par l'infini de la pensée.

Alors vint le bonheur grave et profond de

s'offrir, le ravissement de l'âme qui s'immole.

« Peut-on se sacrifier, s'écriait-il, sans que le premier sacrifice soit celui de l'orgueil? L'humilité est la forme de l'amour, la passion de l'être qui veut se faire petit pour se donner mieux. »

Il se donna, et se donna tout entier. Le 12 mai 1824, vingt-deuxième anniversaire de sa naissance, Lacordaire entrait au séminaire. Jusque-là il n'avait aimé que la gloire. Est-il plus noble servitude? Néanmoins, c'était une chaîne à briser, et il pouvait redire ces paroles de saint Grégoire de Naziance : « Un seul objet a possédé mon cœur : la gloire de l'éloquence. Pour elle, j'ai travaillé des années, mais je suis venu l'abaisser aux pieds du Christ sous l'empire de cette divine parole qui efface et jette dans l'ombre la forme mobile et périssable de toute humaine pensée. »

I

Henri Lacordaire à Victor Ladey

« Séminaire d'Issy, 17 mai 1824 (1).

« Tu n'ignores pas, mon cher ami, la résolution que j'ai prise, et que je viens d'exécuter (2). Tu me pardonneras, sans doute, de ne pas te l'avoir confiée d'avance. Foisset est le premier que j'en aie instruit. Mais, mon ami, je t'ai réservé ta part avec soin et j'ai voulu que la première lettre datée de ma solitude portât ton nom.

« Si Foisset a d'abord été prévenu, c'est qu'il était celui que cette nouvelle devait effaroucher le moins. Chrétien comme moi, son esprit devait me suivre avec plus de douceur au fond du désert. Toi, mon bon ami, tu détournes encore un peu ton visage de la lumière, mais sois sûr que ton tour viendra. Tu n'es pas fait pour méconnaître la vérité ou ne la saisir qu'à demi. Tout homme qui la cherche

(1) Succursale du séminaire de Saint-Sulpice.
(2) Il était entré au Séminaire d'Issy le 12 mai.

de bonne foi est sûr de la trouver. Un jour aussi tu m'annonceras ton changement et je te conjure, pour ton bonheur, de retarder le moins possible.

« Mais je vois, mon cher ami, que tu ne m'écoutes guère et que tu me demandes des détails sur ma position. Je ne t'en donnerai pas aujourd'hui sur les motifs qui m'ont déterminé à faire ce que j'ai fait, et j'aime mieux te parler de ma vie nouvelle, car je n'en ai encore parlé à personne qu'à ma mère.

« Le village d'Issy est situé à une petite lieue de la capitale. La maison du séminaire est vieille, les cellules sont étroites, la fenêtre est en vitraux. Les meubles consistent dans une table, deux ou trois chaises, une commode, quelques rayons de bibliothèque en sapin, un lit et un vase où il y a de l'eau bénite. On est tranquille et heureux là dedans. Les jardins sont vastes, les allées larges et nombreuses, les ombrages épais. Au milieu du jardin est une chapelle consacrée à Notre-Dame de Lorette où l'on va faire un pèlerinage à chaque repas qu'on prend. La religion est ici partout ; elle se mêle aux études et aux plaisirs. Nous avons une salle de jeux qui ne s'ouvre qu'une fois par semaine, et un jeu de paume qui est tous les jours à notre disposition. On se couche à 9 h. du soir, et on se lève à cinq. Des quinze heures de la journée, 8 1/2 sont données à l'étude, 4 aux repas et aux récréations, 2 1/2 à la prière, aux méditations, aux lectures de piété. Les moments de travail et de repos, ceux que l'on partage entre l'adoration de Dieu et l'étude de ses préceptes, sont enchaînés les uns aux autres avec tant d'art que chaque intervalle paraît trop court, qu'on n'a jamais le temps de se lasser de ce qu'on fait, et que l'on arrive à la fin d'une journée où l'on a satisfait à tous les besoins de l'âme et de l'esprit, avec une rapidité incroyable. Ici, l'ennui ne marche pas assez vite pour vous atteindre.

« Voilà, mon cher ami, une idée bien incomplète de mon existence actuelle. Il y a un tel bouleversement dans mes idées, dans mes habitudes, dans mon avenir que je ne peux m'exprimer de manière à ce que tu me comprennes d'un seul coup.

« Tu recevras bientôt un envoi composé de plusieurs livres que je destine, en souvenir, à Lorain, à Boissard, à Foissel et à toi. Je te prie de les distribuer. Je sais bien que vous ne m'oublierez jamais, mais enfin je suis dans un autre monde que vous et j'ai voulu élever au bord du fleuve qui nous sépare quelques pierres en témoignage de l'hospitalité que vous m'avez donnée dans votre cœur. C'était ainsi que les hôtes se séparaient dans l'ancien temps : ils emportaient avec eux le souvenir de l'entretien et du repas qu'ils avaient fait ensemble, mais comme ils n'étaient pas sûrs de se rencontrer de nouveau dans le chemin de la vie, ils posaient une marque à l'endroit où ils s'étaient assis l'un près de l'autre...

« Adieu, mon ami, quand te reverrai-je ?

« Jean-Baptiste-Henri Lacordaire. »

Lacordaire à Boissard.

« Issy, 22 mai 1824.

« Tu sais, mon cher Boissard, que je suis au séminaire de Saint-Sulpice, et Ladey t'a peut-être montré la lettre où je lui donne quelques détails sur mon nouveau genre de vie. Je vous en promets d'autres, mais aujourd'hui je veux causer avec toi de ce que j'y ai senti, de ce que j'éprouve, non de ce que je fais.

« Mon sacrifice religieux t'a sans doute surpris parce qu'il est tombé au milieu de vous comme un coup de foudre que rien n'avait préparé, parce que tu me connaissais tel que j'étais sorti de Dijon et non tel que j'étais devenu. Mais la pensée marche en dix-huit mois.

« Ce n'est pas, mon ami, que j'aie beaucoup lu d'ouvrages propres à former ma conviction, je n'en ai pas touché un seul ; ou que j'aie souffert une séduction lente et insensible de la part des personnes qui m'entouraient ; on ne m'a pas parlé quatre fois de religion. *J'ai trouvé la foi dans mon âme*, plus comme un souvenir que comme un don nouveau, comme une conséquence de principes antérieurement acquis que comme une création nouvelle de ma pensée.

« Je me rappelle d'avoir lu un soir l'évangile de saint Mathieu et d'avoir pleuré. *Quand on pleure on croit bientôt.* Une fois mes croyances religieuses affermies, sans que j'en eusse rien dit à personne, je sentis en moi des mouvements extraordinaires qui me portaient à quitter le monde.

« Je résistais d'abord sans beaucoup de peine. Ma position était heureuse ; j'avais déjà un nom connu du jeune barreau ; de petits succès m'en présageaient de plus grands. L'amour-propre me liait à la terre. Cependant cette voix intérieure qui m'appelait devint plus continue et moins vive ; c'était un entraînement qui avait quelque chose de doux et de tendre, un pressentiment vague des délices de la solitude et du service de Dieu. Remarque bien, mon cher ami, que ce ne pouvait être l'effet de l'isolement pénible où un jeune homme se trouve souvent à Paris. J'habitais alors avec un de mes compatriotes (Régnier), qui n'était étranger ni aux souvenirs de mon enfance, ni à ceux de ma famille, ni à ceux plus récents de mon entrée dans le monde ; son caractère ne manquait pas d'analogie avec le mien, et leurs différences mettaient un charme de plus dans nos rapports. Je n'étais seul ni dans mes promenades, ni pendant mes repas, ni à l'heure où l'on s'endort, ni à celle où l'on recommence la vie de tous les jours. Cette union, qui était venue réchauffer mon cœur, n'empêcha pas le mal de faire des progrès ; je ne faisais plus que m'étourdir et je ne fus tranquille que quand mon dessein fut arrêté.

« Mon ami, je n'ai pas fui les hommes et les dégoûts de la société ; je sais bien que je les trouverai partout ; mais j'ai dépouillé ce qui les rend amers. C'est l'orgueil qui fait le fond du monde, qui l'agite, qui envenime ses joies, qui fait notre tourment. Il n'y a pas d'homme qui ne souffre et qui ne souffre plus qu'il ne jouit chaque jour par cette passion. Je me suis dérobé à ses froissements par cet empire que l'on ne prend sur soi-même, que dans l'intérieur du sanctuaire. Tu sens bien que ce n'est là qu'un accessoire de mes motifs, mais je t'en parle parce que Foisset et Lorain m'en ont parlé.

« Tu ne sais pas, mon cher Boissard, combien ma solitude est douce. Tu ne me soupçonnes pas de vouloir te tromper et t'entretenir d'un bonheur que je ne goûte pas réellement. Si j'étais malheureux, je chercherais des con-

solations près de toi et près de mes autres amis; il n'y a que dans le monde où l'on jette un sourire sur ses lèvres, tandis qu'on a des larmes au fond du cœur. Eh bien ! mon caractère triste, sérieux, a disparu devant la paix de cette maison, et je ne me suis aperçu que j'étais gai que parce que tout le monde me l'a dit. Voilà ma provision de bonheur pour trois ans.

« Te rappelles-tu l'histoire de l'empereur Dioclétien, qui, se promenant un jour dans les jardins de Salone, aperçut une haie qui lui servait de limites dans un coin retiré ? Il demanda quel était son voisin ; on lui répondit que c'était un pauvre solitaire. Mû par un sentiment de curiosité, il sort, il frappe à la porte de l'ermite qui bientôt vient lui ouvrir lui-même. L'empereur pousse un cri et saute au cou du solitaire : il avait reconnu Florus, son compagnon d'armes, que l'on croyait mort depuis 30 ans et qui, s'étant fait chrétien, s'était retiré du monde.

« L'histoire du solitaire fut courte, on ne raconte pas le bonheur. Celle de Dioclétien fut plus longue. Il apprit à Florus qu'il était monté sur le trône ; il lui reprocha de s'être enseveli tout vivant et d'avoir dérobé à son amitié le plaisir de le combler de richesses et d'honneurs.

« Ces deux hommes, qui s'étaient rencontrés dans le commencement de leur carrière, se retrouvaient aussi à trente ans d'intervalle, l'un dans la solitude, l'autre dans un palais ; l'un pauvre et inconnu, l'autre à la tête du monde ; l'un heureux, l'autre accablé des ennuis du trône et de la vie.

« Peu de temps après, Dioclétien abdiqua l'empire et vint à Salone cultiver ses laitues.

« Pour moi, mon cher Edmond, je ne veux pas ignorer ce que deviendront mes amis. Je ne cesserai jamais de les comprendre, j'espère qu'ils me comprendront toujours. Écrivez-moi librement ; les lettres que nous recevons ne passent point sous les yeux de nos supérieurs ; c'est un de nos confrères qui va les prendre à la poste, et chacun peut y aller chercher les siennes. On nous traite en hommes, et à vrai dire il paraît que c'est une différence qui existe entre le séminaire de Saint-Sulpice et plusieurs autres.

« Adieu, mon ami ; parle de moi avec tous mes amis, dis-leur que je suis content, dis à Lorain que j'ai reçu sa triste et courte lettre. Adieu.

« J.-B.-Henri Lacordaire. »

Lacordaire à Ladey, Luxeuil

« Issy, 9 juillet 1824.

« Mon ami,

« Te voilà donc une troisième fois à ce Luxeuil que je n'ai vu qu'en passant. O mon Dieu ! si, tandis que je m'amusais à cueillir je ne sais quelle fleur que je serrais précieusement comme un souvenir, quelqu'un m'eût dit à l'oreille qu'avant quatre années on recevrait là mes lettres datées d'un village où je ferais ma demeure à une lieue de Paris, je serais tombé d'étonnement, car rien de ce que je faisais ou ambitionnais ne pouvait me conduire à demeurer dans un village et dans un village situé près de Paris. Si j'eusse cherché à résoudre cette énigme, à prévoir les chances qui rendaient possible cet étrange avenir, je suis certain que ma pensée n'eût jamais rencontré juste. Voilà ces quatre années qui s'achèvent et tu mesures la distance qui sépare la position où j'étais alors de celle où je me trouve aujourd'hui.

« Tout est bien changé, n'est-ce pas ? J'ai eu les pieds où tu les as maintenant, je puis encore aller m'asseoir sur les bancs où tu te reposes, reconnaître les arbres qui t'ont vu, parcourir les mêmes bois. Mon visage est toujours le même et mes amis m'apercevraient de loin ; mon caractère ne s'est point altéré et mon esprit a fait comme mon cœur. D'où vient donc que je ne suis plus le même homme et comment se fait-il qu'une seule pensée ait changé ton ami à ce point ?

« Je repasse maintenant toute ma vie intellectuelle ; je reconnais les écueils où je me suis brisé, je m'effraie quelquefois en songeant à la réunion de circonstances qu'il a fallu pour m'amener au port. Si tu savais comme on se repose avec plaisir dans la vérité et de quelle hauteur on descend dans son âme pour y fermer les plaies encore saignantes de l'erreur ! Tout s'explique, tout se coordonne, tout s'enchaîne.

« Je me souviens qu'un soir je me promenais seul, à grands pas, dans les rues de Dijon, élevant quelquefois mes mains vers le ciel par un mouvement machinal, puis en couvrant mon visage, pleurant, emporté par mon esprit dans mille sens divers, embrassant d'un coup d'œil une multitude de questions et de pensées et répétant, il n'y a rien de certain ! il n'y a rien de certain ! Mon grand tourment était de ne pas trouver en moi la raison de mon existence et de ne pas la reconnaître en Dieu qui seul a la raison de tout ce qui existe et qui, par conséquent, est la fin dernière de tous les êtres.

« Maintenant je suis assis sur le rivage où j'essuie mes cheveux et mon corps mouillés par la tempête. Mes journées s'écoulent avec rapidité entre la prière et l'étude. Je suis content du passé parce que les égarements de la pensée laissent une instruction profonde, que la vérité est mieux sentie lorsqu'on a un terme de comparaison dans l'erreur, et que l'expérience personnelle de la fragilité humaine donne à l'âme quelque chose de doux et de miséricordieux en même temps qu'elle procure des armes secrètes pour combattre ce que l'on a soi-même éprouvé.

« Il faut avoir été chevalier pour connaître le défaut de la cuirasse. Je suis satisfait du présent. Il règne ici une cordialité simple et polie, une gaîté qui part du sentiment intérieur que goûte l'âme, une uniformité de vie qui est pleine de vérité ; c'est le portrait en miniature de ce que serait la grande société chrétienne si elle suivait les lois de l'Évangile.

« Je suis content de l'avenir, car je l'ai placé au delà de cette vie. Du reste, vivre tranquille et obscur est ma seule ambition. Je suis calme, mon cher ami, en pensant et en disant tout cela

L'imagination n'a de prise sur les objets que quand elle les voit de loin. Dans quelques jours il y aura deux mois que je vis d'une vie bien commune et le charme serait tombé si je n'avais suivi que l'effervescence d'un moment.

« Mon imagination jouit beaucoup moins ici que ma raison.

« J'ai peu su ce qu'on a dit à Dijon de mon entrée au séminaire ; une seule lettre de maman m'a fait voir que les indifférents m'avaient bien mal compris et cela ne m'étonne point. Je ne dis rien de ma famille ; elle a dû éprouver du chagrin et je dois y compatir. J'ai eu deux ou trois suffrages, voilà tout.

« Mon ami, que toutes nos causeries soient entre nous ; ne parle de moi et de mes sentiments à personne, cache mes lettres. Je veux être libre avec toi et inconnu à ces hommes qui croient vous porter de l'intérêt parce qu'ils sont curieux et qui vous jugent à tort et à travers. Je ne puis plus parler de moi qu'à bien peu de personnes ; toi, tu m'as connu dans toutes les phases de mon caractère et de mes opinions. Tu me sais tout entier, tu es lié à tous mes souvenirs. Oh ! sois toujours mon ami ! Il vient un temps où le cœur ne se livre plus, où toutes les liaisons sont de convenance et s'évanouissent avec les causes passagères qui les ont créées, où l'on ne met plus que la superficie de son âme dans le commerce de la vie. Pour aimer un homme il faut le connaître tout entier; or on ne s'ouvre pas sur des secrets de 25 ou 30 ans, et d'ailleurs ces détails n'ont plus d'intérêt le moment passé. La jeunesse est le temps des illusions en toutes choses, le temps des projets qui ne s'accompliront pas, le temps d'une générosité naïve, le temps où l'on parle de son avenir. On ne peut s'empêcher d'aimer toujours ceux qui ont eu une part dans votre existence à cet âge charmant où tant de choses sont permises, tant de choses excusées, tant de choses embellies.

« J'ai pris la tonsure à l'ordination de la Trinité.

« Adieu, aime-moi.

« Henri Lacordaire. »

II

La tonsure, premier insigne des engagements sacerdotaux, précède des degrés plus sérieux et définitifs. Pour Lacordaire, cette attente dépassa les limites d'usage. — On ne le comprenait pas. — Cette nature si ardente, si rare et si vraie étonnait ses supérieurs.

Affranchi du monde, maître de ses doutes, il se sentait libre, vraiment heureux, et ce bonheur il l'exprimait en termes nouveaux, dont le feu et l'originalité détonnaient quelque peu dans ce milieu grave et contenu. A ces dons naturels, Lacordaire ajoutait ce que donne l'éducation première et conservait de sa traversée dans le monde quelque chose de particulièrement élégant. Très loyal, d'une conscience haute, il se serait reproché, devant Dieu et devant ses semblables, de n'être pas en tout et toujours absolument lui-même.

Le séminaire d'Issy, également appelé la Solitude, devenait pour Lacordaire une solitude embaumée, tant il respirait les vertus accomplies de ses maîtres. Ce n'était pas non plus une solitude fermée ; à certains jours on voyait arriver ses relations du dehors, on sortait même aux heures réglées d'avance. Qui sait si ces visites reçues, ces rapides excursions dans Paris n'avaient d'autres résultats qu'un détachement plus consenti, une paix mieux comprise ?

Cette tranquille existence, Lacordaire la prolongea volontairement, car il désira passer à Issy le temps de ses premières vacances. Il y resta donc depuis mai 1824, jusqu'en septembre 1825, c'est-à-dire seize mois.

Lacordaire à Ladey

« Issy, 28 septembre 1824.

« C'est grande faute à moi, mon cher ami, d'avoir laissé passer les vacances sans te donner signe de vie, surtout après avoir lu les deux aimables lettres que tu m'as écrites.

« Tu as vu Régnier. As-tu bien causé avec lui ? Il est d'un commerce agréable et tu dois l'aimer un peu à cause des trois mois pendant lesquels nous avons demeuré ensemble...

« Un autre compagnon de notre jeunesse que j'ai retrouvé, c'est Mézillac ; il est devenu un homme, il a de l'esprit, un grand sens, une instruction étendue ; il ne se ressemble plus et nous avons repris ensemble des rapports dont je suis très content. Je ne doute pas qu'il ne se distingue un jour lorsque sa carrière sera débarrassée de quelques obstacles faciles à surmonter. Je me rappelle de t'avoir parlé de lui dans le temps, d'une manière peu avantageuse, mais alors j'étais mal instruit. Je connais vraiment peu de jeunes gens aussi estimables que Mézillac.

« Foisset a quitté Paris depuis quelques jours ;

je l'y ai vu de temps en temps, quoique je sorte peu. J'ai été très satisfait de lui. Sa position est bien changée ; comme tu le sais sans doute, il va se marier à une jeune fille de Louhans qui lui apporte en dot une fortune aisée. Je lui ai fait compliment de tout mon cœur et j'espère qu'il sera heureux. Voilà, mon ami, comme tout change autour de nous ; mon tour est déjà venu ; le tien viendra aussi.

« Hier, le roi (Charles X) a fait son entrée à Paris ; il était à cheval malgré la pluie ; les Parisiens étaient enchantés de voir un Roi à cheval. Le nouveau règne commence parfaitement, l'entrée du Dauphin au conseil, la réconciliation de la famille royale avec la branche d'Orléans, les regrets qui ont accompagné Louis XVIII à Saint-Denis ; le calme de sa mort, cette grande loi de l'hérédité, cette loi non écrite, exécutée comme une chose toute simple, d'autres circonstances encore rendent cet avènement heureux et je le salue avec amour. Que ce règne passe bien, et la Charte est affermie, le trône consolidé pour des siècles, la France vouée à des prospérités nouvelles, la religion sauvée, le règne du duc de Bordeaux préparé pour de grandes choses et digne de couronner un grand siècle ! Je ne sais, mais j'ai foi dans l'avenir.

« Adieu, mon cher ami. Continue à être gai, deviens fort, sois toujours aimable, aime toujours bien ton solitaire d'Issy. — Écris-lui vite, il te répondra avant huit jours. — Fais mes amitiés à l'ermite de Fortbonnet (1).

« Henri Lacordaire. »

(1) Edmond Boissard.

Lacordaire à Ladey

« Issy, 26 octobre 1824.

« Il y a deux ans et quelques jours que je ne t'ai vu, mon cher Victor, et depuis j'ai toujours songé à toi, à tout ce qui t'intéresse. J'ai souvent reporté ma pensée à Dijon, au milieu de mes amis, et maintenant que j'en suis éloigné pour toujours, je pense encore avec attendrissement aux lieux que nous avons parcourus ensemble. Si je les revois quelque jour, ce ne sera plus qu'en étranger. Il est donc vrai ? O Bourgogne, ô douce province !

> Albe, où j'ai commencé de respirer le jour,
> Albe, mon cher pays et mon premier amour !

« Voilà deux vers que j'aime bien et je sens que je les prononcerai souvent dans ma vie. C'est une chose singulière qu'il faille sortir de sa patrie pour en connaître tout le charme. Ne serait-ce pas que dans le présent on ne jouit que d'une chose à la fois, tandis que dans le passé on jouit d'une multitude de choses qui assiègent l'âme ensemble et dont le mélange, l'éloignement, le vague composent une sorte d'infini où l'on se plonge avec délices?

« Quoi qu'il en soit de cette idée, je t'assure que je suis heureux de penser aux amis que j'ai laissés dans mon pays. Toutefois, mon cher Victor, j'ai sur le cœur un chagrin dont il faut que je me décharge, afin que l'année qui va commencer soit pure et sans nuages.

« Je vais te parler avec franchise et j'attends de toi la même simplicité de cœur : Tu ne m'as rien dit jusqu'à présent de l'état de tes relations avec un homme qui t'a été cher et qui me l'est encore aujourd'hui (1). Je ne me plains pas de ce silence, parce que je conçois que tu as eu peut-être mille raisons de le garder, mais je me plains de la conduite que tu as tenue à l'égard de l'homme dont je te parle et que j'ai apprise avec d'autant plus de douleur qu'il ne l'a point méritée et qu'elle compromet la noblesse de ton caractère. Je n'ai rien su par lui si ce n'est la perte d'une intimité qu'il avait chérie et qu'il m'annonçait en ces termes : « Ce pauvre Ladey que j'aimais avec tant de « prédilection, dont j'avais recherché, soigné, « adoré l'attachement, je l'ai aussi perdu. » Voilà des regrets que j'ai toujours retrouvés

---

(1) Prosper Lorain.

sous sa plume et dont tu pourras voir un jour l'expression tout entière. Il ne s'est permis aucun reproche à ton égard ; il t'a plaint, il s'est plaint lui-même.

« Écoute-moi, mon ami. Je suppose qu'il ait eu envers toi des torts impardonnables, cela ne légitimerait point encore cette indifférence profonde, cet oubli complet, dont tu as fait preuve pour lui.

« Il y a des égards que se doivent toute la vie deux hommes qui se sont honorés d'une intimité mutuelle, qui se sont jugés longtemps dignes d'une mutuelle confiance et qui ont mis la main dans cette partie du cœur qu'on n'ouvre qu'à l'amitié. On doit se respecter dans la personne que l'on a aimée, se souvenir qu'on lui doit quelques-unes des jouissances qui ont embelli notre vie, des heures qui nous ont paru courtes, de ces moments rares que l'on compte et ne pas lui faire expier l'amitié par la haine. Ah ! malheur à qui peut regarder le visage d'un ancien ami sans être ému ! Si tu avais contre Prosper quelque sujet de plainte, ne lui devais-tu pas au moins de t'ouvrir à lui avant de t'en séparer ?... Crois-moi, mon cher ami, l'erreur la plus funeste dans un jeune homme, c'est de juger sévèrement ses semblables. Nous sommes tous si faibles, si exposés à faire de fausses démarches, qu'il faut avoir un grand esprit d'indulgence. Celui-là n'aura jamais d'amis qui ne voudra que des amis parfaits.

« Que pouvais-tu désirer de mieux que Lorain ? A un cœur susceptible d'un attachement profond, il joint un esprit étendu, un caractère droit, des connaissances variées. Vous êtes confrères au même barreau ; il est mon ami et c'est un titre pour toi. Pourquoi se séparer ainsi à l'entrée de la carrière du monde, se condamner au supplice de se rencontrer partout sans pouvoir se dire une parole de bienveillance et sans pouvoir s'empêcher d'éprouver un serrement de cœur?... Si tu savais combien tout cela rétrécit l'âme, amoindrit les belles facultés de l'esprit, combien tout cela est pauvre et dénué d'intérêt, tu ne persévérerais pas un instant dans ce système. Mais tu sais cela mieux que moi.

« Mon cher ami, mon souhait le plus ardent est que tu te rapproches d'un homme qui pleurerait de joie en te revoyant. Une démarche si noble ne saurait te coûter ; je te la demande au nom de l'amitié. Maintenant c'est à toi de voir.

« Depuis huit jours nos vacances sont terminées. Notre cours de théologie a commencé hier et je vais me livrer uniquement à cette étude que j'aime déjà beaucoup. Je suis content et heureux. Je t'aime toujours de même. Fais mes amitiés et compliments au solitaire de Fortbonnet. Voyons, est-ce que je n'oublie rien ?... N'ai-je plus rien à dire à ce cher avocat ? Non, mon Dieu, non. Bonsoir donc. Porte-toi bien, travaille bien, songe à moi et à ce que je t'ai dit, donne-moi des nouvelles de Dijon. Voilà.

« Je t'embrasse de toute mon âme et ne désespère pas de t'embrasser quelque jour dans la vallée de Chamounix. Adieu.

« Henri Lacordaire. »

Prosper Lorain à Ed. Boissard

« Dijon, 1824.

« Est-il donc vrai, cher Edmond, que je sois seul à Dijon lorsque Ladey y est encore ?... Je lis et je relis les lettres qu'il m'a écrites, je me rappelle ses pensées, ses paroles et je demeure confondu. Insensés que nous sommes ! Au lieu de jouir avec transport du peu de bien qui se trouve dans nos amis, nous nous en séparons froidement, pour le peu de mal qui s'y rencontre. Nous condamnons ainsi notre jeunesse à l'égoïsme et nos âmes à l'isolement.

« Ah ! quels que soient les torts de Ladey envers moi, quels que puissent être mes torts envers lui, tu sais mieux que personne combien je l'aimais sincèrement et quelles démarches j'eusse consenti à faire pour qu'il ne cessât point de m'aimer. Aujourd'hui même, que je devrais mettre toute ma fierté à écarter un pareil sujet, je mets, malgré moi, tout mon plaisir à en parler encore. Va, mon cher Edmond, j'étais digne d'être l'ami de Ladey par cela seul que je l'ai tant regretté.

« Prosper »

Lacordaire à Ladey

« Issy, 28 novembre 1824.

« Mon cher ami,

« J'ai reçu le billet que tu m'as envoyé et je veux t'en remercier tout de suite. Tu ne saurais croire combien je suis content et combien mon cœur t'a d'obligations.

« Nul n'est exempt de défauts en ce monde. Il me semble que j'aimerais moins un ami a qui je n'aurais rien à pardonner que celui à qui je pardonne et qui me pardonne à son tour. Il faut qu'il y ait réciprocité en tout, même sous le rapport des imperfections. Vois-tu, mon cher ange, cela est comme cela. Mais je ne veux point te faire de morale aujourd'hui, mon papier n'est pas assez grand pour te louer et t'aimer et je n'en veux certes rien perdre.

« Je vais te dire tout ce qui va me passer par la tête, sans ordre, sans suite, avec amitié seulement. Tu t'imagines, toi, que quand on fait sa théologie on a le temps d'écrire de grandes lettres à ses amis. Mais sais-tu bien, mon cher paresseux, ce que c'est que d'avoir le matin une classe de morale, le soir une classe de dogme et puis des classes d'écriture sainte, sans parler des classes de plain-chant pour lequel j'ai des dispositions qui font frémir les oreilles sensibles. Vous autres, avocats, vous avez du loisir autant qu'il vous plaît ; tu peux dormir jusqu'à ce que le cher Edmond vienne t'éveiller pour faire un tour de promenade. A propos de promenade, on m'a raconté de tes nuits romantiques, de ces fameuses nuits passées sur les roches de Plombières (1). Malheureux que tu es de n'avoir pas imaginé ces nouvelles nuits attiques avant mon exil, moi qui suis tant soit peu romantique au fond du cœur ! Maintenant, je dors très classiquement huit heures par jour et j'aime assez ce classicisme-là !

« Voyons, dis-moi un peu où tu en es de la littérature et quels sont les ouvrages qui te plaisent davantage ? N'as-tu pas pleuré ce pauvre Lord Byron, mort à la fleur de l'âge entre la Grèce qui n'est plus et la Grèce qui n'est pas encore, avant d'avoir reçu dans Athènes cette couronne de laurier qu'il méritait comme poète et comme guerrier. Le talent ne peut donc rien contre la mort, rien ! Puissent les cendres

(1) Près Dijon.

du génie être utiles à la Grèce et puisse cette terre si noble être le lien qui joindra un jour l'Europe à l'Asie et qui permettra au christianisme et à la civilisation de traverser les mers pour revenir à leur source !

« Mon ami, voilà des vœux que doivent former tous les chrétiens, tous les amis des belles-lettres et des grandes choses.

« On a beaucoup décrié les croisades dans le dernier siècle, parce qu'on voulait flétrir tout ce que la croix avait fait. Mais, dis-moi, quel temps préfères-tu, de celui où les nations, les chevaliers et les rois quittaient leur patrie à la voix d'un moine pour aller secourir les chrétiens de l'Orient, combattre une religion stupide et déposer leurs épées victorieuses sur le tombeau du Sauveur du monde, ou de celui qui voit ce que nous voyons ? Aujourd'hui les journalistes parlent en faveur de la Grèce opprimée par les barbares ; chacun les lit le matin en prenant sa tasse de café ; on fait des phrases et personne ne bouge. Ah ! qu'on fait peu de choses avec de l'esprit et qu'on en fait de sublimes avec la foi !

« Sans doute, les croisades ont présenté quelquefois d'étranges spectacles ; les circonstances, les mœurs et l'esprit du temps en furent cause. Mais je cherche en vain quelque chose de plus beau que ce mouvement de l'Europe pour reporter la civilisation en Asie, pour chasser ces barbares qui se sont placés là pour tracer une limite à nos sciences, à nos arts, à notre commerce et qui ont envahi le tombeau d'où l'Europe moderne est sortie, cette Jérusalem, l'autre ville éternelle !

« Je viens à toi, mon cher ami, du fond de l'Asie pour te dire encore quelques mots d'amitié et te donner mes commissions. Tu embrasseras pour moi Lorain sur les deux joues. Tu feras mes amitiés à Boissard et à Abord, que je me garde bien d'oublier. Écris-moi vite, car j'ai besoin de ton écriture. Parle-moi de Foisset dont j'attends une lettre. Dis-moi ce que tu fais, si tu plaides et quel est ton genre de travail, je veux dire la manière dont tu t'appliques au droit.

« Adieu, mon très cher ami, je t'aime de tout mon cœur.

« Henri LACORDAIRE. »

Lacordaire à Ladey.

« Issy, 17 décembre 1824.

« Ta lettre, mon cher ami, m'a causé beaucoup de plaisir et quelque peine. J'avoue que j'ai été surpris de ce que tu ne me disais rien d'un sujet qui m'intéresse. J'aurais voulu que tu t'expliquasses franchement avec moi là-dessus. A ton défaut, j'ai appris de Lorain qu'il avait été heureux de te retrouver. Je ne puis que t'engager à lui montrer un cœur ouvert, ce cœur que j'aime et qui est si digne de l'être. Après cela, je ne puis que t'embrasser et te plaindre si tu ne le peux pas ou si tu ne le veux pas.

« Je savais, mon cher Victor, tout ce que tu me dis de Régnier. Mais, crois-moi, attends encore pour le juger (1). Sa jeunesse passe, elle expire : tu le verras homme. Tu ne serais pas longtemps avant de l'embrasser et je te recommande de lui montrer une grande bienveillance et regarde-le comme un homme que

---

(1) Lacordaire exerça sur Régnier une action très salutaire en l'amenant à la connaissance du catholicisme.

j'aime. Il me semble que je verrais avec plaisir quelqu'un qui aurait part à ton amitié, dans quelque coin de la terre que je le rencontrasse. On croit retrouver le cœur de son ami dans un cœur où reposent quelques-unes de ses affections et de ses pensées. Ah ! Ladey, puissé-je, en parlant de toi, éprouver quelque jour les sentiments que j'éprouve en parlant aujourd'hui de Régnier ! Ce moment arrivera sans doute et je compte bien sur lui ; il y a une heure pour tout. Mon ami, j'ai envie de pleurer ; il se remue dans mon âme trop de souvenirs et d'espérances.

« Adieu. Malheureux que je suis de ne pouvoir rien ajouter à ces lignes hâtives qui intéressent ton esprit. Je ne sais pas si ce que je dis là est français, mais peu importe. Tu m'entendras toujours quand je te dirai que je t'aime de tout mon cœur.

« H. Lacordaire. »

Lacordaire à Ladey.

« Issy, 18 janvier 1825.

« Mon ami, j'avais désiré que tu m'expliquasses la nature des sentiments que tu éprouves pour un homme qui m'est cher (1). Je lui ai reconnu de l'élévation, de la générosité, de la franchise.

« L'amitié est rarement une justice et presque toujours un don. Les plus belles qualités n'ont souvent pas le droit de l'obtenir. Elle naît sans le savoir et ne s'enfante pas laborieusement. S'il n'y a rien entre vos deux cœurs qui les rapproche l'un de l'autre, si le charme n'est que d'un côté, toute ma puissance sur vous s'évanouit. Ma main reposera sur vos deux têtes sans qu'elle puisse vous réunir. Ne parlons plus d'une chose qui ne peut que nous attrister. Je me dois à moi-même de ne point entendre des reproches que je ne puis confier à celui qui en est l'objet. Respecte désormais mon amitié.

« Je vois que ta vie se passe entre Abord et

---

(1) Lorain.

Boissard. Dis à celui-ci que je suis souvent tenté de lui écrire, qu'il ne doit imputer mon silence qu'à la diversité de mes études et de mes occupations. Mais je veux conserver le droit de lui donner quelquefois un signe d'amitié et de suivre à son égard le mouvement de mon cœur. Je veux que mes lettres ne lui paraissent jamais un objet de surprise, dans vingt ans comme dans cinquante ans d'ici.

« Mon ami, j'attends de toi un service. Tu te rappelles ce bon M. de la Haye, à qui j'ai tant d'obligations et qui avait pour moi une amitié dont il m'a donné bien des témoignages. Je l'ai vainement cherché jusqu'ici, mais je veux aujourd'hui, à toute force, renouer les liens qui m'unissaient à un si excellent homme. Demande son adresse à M. Bouchard, notre ancien censeur, actuellement avocat à Dijon, et s'il ne la sait pas, où faudrait-il s'adresser à Paris pour la trouver? C'était en 1815 que nous nous sommes quittés et je n'avais alors que treize ans. Nous nous sommes écrit jusqu'en 1818.

« Je lui garde un souvenir impérissable et je ne serai content que lorsque j'aurai rattaché à ma vie ce fil précieux. Figure-toi, mon cher, que je jouissais avec lui de la familiarité la plus intime. Je n'ai pu m'empêcher d'être attendri en relisant dernièrement ses lettres et en voyant avec quelle simplicité, avec quelle grâce et quelle sagesse il donnait à un enfant indocile d'aimables leçons sur les devoirs d'écolier. Ah! Dieu m'a fait de grandes grâces dans mes amis.

Parle-moi de toi, mon cher Victor. N'aie rien de caché pour moi comme je n'ai rien de caché pour toi. Ma vie est uniforme et heureuse ; elle passe entre la prière et l'étude, entre la pensée de Dieu et les affections pures et douces de la terre ; je vois les jours et les années s'écouler avec une vitesse inexorable et je m'avance en paix vers l'éternité, heureux si, au bout de la course, je réunis dans mes bras les amis que Dieu m'a donnés.

« Henri Lacordaire. »

Lacordaire à V. Ladey

« Issy, 15 mars 1825.

« Je suis bien ingrat envers toi, mon cher ami ; tu m'écris une, deux, trois lettres charmantes et voilà près de deux mois que je ne t'ai dit un mot. Il est vrai que deux mois de Dijon ne font qu'un mois d'Issy tant nos journées passent vite. Nous voici à Pâques, c'est même avant cette époque que nous passons un examen de théologie, et c'est un peu là l'excuse de ma paresse envers toi.

« J'ai vu hier Jules d'Andelarre (1), et j'ai été charmé de le revoir. Je lui ai demandé des nouvelles de tous mes amis ; nous avons causé de Dijon, je m'y suis un moment transporté et j'ai presque échangé des souvenirs contre des réalités.

« J'ai aussi éprouvé une émotion très vive en lisant la lettre où tu me parlais de nos anciens camarades de collège ; je me promenais triste-

---

(1) Le marquis J.-J. d'Andelarre devint juge auditeur au tribunal de Dijon. — Député sous Napoléon III. — Membre de la Constituante en 1871. — A publié plusieurs ouvrages d'économie politique. — Mourut en 1886.

ment, la tête penchée, et plusieurs fois les larmes me sont venues aux yeux. O mon Dieu! Pourquoi sont-ils morts et pourquoi sommes-nous vivants? Quelle est la cause du choix que vous avez fait entre eux et nous? La mort de B... m'a surtout peiné, non qu'il y eût entre nous des liens réels, mais il m'avait plu un moment, à cet âge où l'on ne connaît pas encore l'amitié et où l'on se livre à des épanchements qui ne laissent point de traces profondes dans la vie. Il n'y avait rien entre nos deux âmes qui pût les unir. Pauvre jeune homme, tu n'as point laissé d'empreinte en moi, je ne puis te rattacher à mon existence. Je me souviens pourtant qu'un jour, au collège, j'étais assis sur le banc de pierre qui était au pied de l'infirmerie lorsque tu me jetas un abricot en passant; je me rappelle que cela me fit bien plaisir. Adieu, dors en paix. Je n'ai pas non plus oublié la fin tragique de B... Elle m'a fait faire bien des réflexions. Il y a dans ce suicide un excès de folie et cependant je comprends très bien qu'on puisse en venir là ! Mais quel réveil que celui d'un homme qui s'est sacrifié tout entier à une créature qui l'oubliera demain, et qui, en entrant dans l'éternité, s'aperçoit qu'il n'a compris ni la vie, ni ses devoirs, ni Dieu, ni les hommes, ni rien de ce qui est !

« Mon pauvre ami, te voilà encore bien dolent, bien mélancolique. Du courage, travaille, étudie, espère, tu verras que ton avenir se débrouillera. Crois-tu que tu eusses été plus heureux, que ta vie eût été plus pleine par ma présence à Dijon? Hélas! je ne le crois pas. A propos de cela, j'ai vu il y a quelques jours Félix Varin qui m'a annoncé l'arrivée prochaine de son frère à Paris. Je serai enchanté de le revoir, ce bon Amédée. Que nous étions alors heureusement réunis! Eh bien! nous ne comprenions pas tout notre bonheur.

« Donne-moi le *statu quo* de ta position avec Lorain. Mon cher ami, adieu. Je t'aime bien.

« Henri LACORDAIRE. »

Lacordaire à Ladey

« Issy, 14 avril 1825.

« Mon cher Victor,

« Maman est arrivée le 7 de ce mois à Paris, à cinq heures du matin, et j'ai eu le plaisir de la revoir et de l'embrasser à 9. Mon vêtement ne l'a point trop surprise et elle s'y est bien vite habituée. Tu ne devinerais pas le singulier dîner que nous avons fait le soir, singulier, non par les mets qui le composaient, mais par les personnes qui y assistaient.

« C'étaient mon frère Théodore, Hippolyte Régnier, Mézillac, ma mère et moi. Théodore prêt à partir pour l'Amérique méridionale, Régnier, toujours incertain de son avenir, Mézillac, plus mûr que lui et luttant d'une main plus forte contre les circonstances qui arrêtent sa marche, et moi résolu de consacrer ma vie au service de la religion, tous quatre vieux camarades de collège et tous quatre entrant dans le monde par des routes bien diverses, ma mère enfin retrouvant deux de ses fils après une longue absence et reportant sa pensée sur les dix-huit ans de peines que lui ont coûté notre éducation et un veuvage d'autant d'années.

« Hier encore j'ai joui du même spectacle, car ils sont tous logés sous le même toit et je suis allé les voir une seconde fois. C'est un ménage complet. Mézillac est le premier maître d'hôtel, il a sous lui le domestique que Régnier et moi avions à notre service l'année dernière à cette époque. C'était un petit savoyard que nous avions tiré de son état et à qui Régnier avait fait mettre une sorte de livrée. La moitié de la cuisine se fait à la maison, je veux dire le pot-au-feu, et l'autre moitié est prise toute faite chez le restaurateur.

« Du reste, table ronde charmante, couverts qui imitent l'argent, vaisselle de terre de pipe, vin de Paris, c'est délicieux! N'est-ce pas un véritable conte de fées et ne trouves-tu pas qu'il a été besoin d'un peu d'enchantement pour opérer ces merveilles?... Cependant, au milieu de cette réunion passagère, je ne laisse pas que d'éprouver quelques sentiments de tristesse. La solitude que maman a vue se former autour d'elle, les effets du temps et des soucis qui paraissent sur son visage, les inquiétudes de Mézillac sur son sort à venir, cette hospitalité donnée et reçue dans un hôtel étranger, tout cela jette dans mon âme un trouble et un malaise que je ne puis guère te faire comprendre.

« Les femmes sont bien malheureuses ; elles ne vivent que par leur mari et leurs enfants, la mort leur enlève l'un et la nécessité les autres ! La vie est amère, mon ami, et nous n'avons vu de cette coupe funeste que les roses qui la couvrent. Je suis trop heureux ici ; au dehors je n'entends que des plaintes et *ce long cri de douleur qui s'élève de cette vieille terre d'Europe*, comme le dit M. de Chateaubriand, dont j'ai bonne mémoire.

« Adieu, mon cher Ladey, je t'aime et t'embrasse de tout mon cœur.

« Henri LACORDAIRE. »

« Édouard Clerc (1) est ici. N'est-ce pas bientôt ton tour d'y venir ? »

(1) Edouard Clerc, auteur de plusieurs ouvrages et recherches très savantes sur la Franche-Comté. Fut président de Chambre à Besançon et mourut en 1881.

Lacordaire à Ladey (1)

« Issy, **27** mai **1825**.

« Nous sommes accoutumés, mon cher Victor, à nous parler sans contrainte sur tout ce qui nous intéresse et j'use aujourd'hui de cette douce liberté pour te dire que je serais bien aise d'apprendre où en sont tes pensées par rapport au plus grand objet des méditations humaines. Quand je t'ai quitté, tes croyances religieuses étaient à peu près nulles, mais alors nous n'avions point assez réfléchi, ni l'un ni l'autre, sur ces importantes questions qui, tôt ou tard, fixent l'attention des hommes capables de les comprendre et de les discuter. Il n'appartient qu'à des têtes bien faibles de s'abandonner au torrent de la vie sans se demander une seule fois où cela mène, sans être étonnées de ce qu'elles sont, sans imiter le sauvage qui, ayant appris l'arrivée d'un missionnaire dans une contrée voisine, s'empressa de venir à lui et

---

(1) Insérée dans le volume *Lettres à des jeunes gens*, par l'abbé Perreyre — et donnée par Mme Ladey à M. Foisset dans ce but.

de lui dire : « On dit que vous savez où est le grand génie, menez-moi vers le grand génie. »

« Sans doute, mon cher Ladey, tu as souvent pensé à cet esprit invisible qui a fait tout ce que nous voyons et qui nous a donné à nous-mêmes une petite place dans le cours immense des siècles ; tu as souvent recherché la fin de ses ouvrages et de ta propre existence. Tu n'as point imité ces hommes qui boivent, qui mangent, qui dorment, qui gagnent mille ou deux mille écus par an et qui appellent cela vivre. Comme toutes les âmes nobles, tu comprends la vanité des affaires humaines ; tu lèves les yeux vers ces mondes innombrables qui nous environnent, et qui t'apprennent combien nous sommes petits sous les yeux de celui qui a créé ces espaces sans bornes comme une image finie de lui-même ; tu regardes dans les siècles passés, et le silence de cette multitude de générations, qui se sont agitées autrefois sur la terre, te dégoûte du bruit que la nôtre croit faire dans le monde ; tu descends dans ton cœur et tu y trouves un vide que rien ne peut remplir, si ce n'est la vérité. N'est-ce pas là l'état de ton âme ? Mais où trouver la vérité ? Hélas ! les hommes poursuivent depuis longtemps ce fantôme qui leur échappe toujours ; les plus beaux génies de chaque siècle se sont dévoués, presque sans fruit, à cette glorieuse investigation, et c'est à peine s'ils nous ont transmis, comme un héritage certain, l'existence de Dieu, la loi naturelle et l'immortalité de l'âme.

« La philosophie est un sujet éternel de dispute et son empire sur les mœurs est presque nul, tu le sais comme moi. Mais, mon ami, il nous reste une ressource, *c'est la religion*. On dit qu'il existe une religion, c'est-à-dire un corps de vérités que Dieu a révélées aux hommes, qui renferme tous leurs devoirs et qui contient le secret de leur origine et de leurs destinées. On dit que cette religion est tout entière dans un livre, qui n'est lui-même que l'histoire du plus ancien peuple du monde et que ce peuple existe encore aujourd'hui et rend témoignage à ce livre. On dit cela depuis dix-huit siècles ; les plus grands hommes ont vécu et sont morts dans cette croyance.

« Du reste, il n'y a jamais eu d'histoire plus touchante, plus sublime, plus digne de Dieu, et tout le monde convient que s'il existe une religion véritable, c'est indubitablement celle-là. La recherche de la vérité se réduit donc à deux points.

« Une révélation intérieure et divine est-elle possible ? La révélation chrétienne est-elle vraie ? La première question embrasse toutes les difficultés générales que l'on fait sur la révélation considérée en soi, et *a priori*, c'est-à-dire indépendamment de tel ou tel fait ; la seconde comprend tout ce qu'on propose contre la réalité de la révélation donnée à la terre par le Christ, fils de Dieu. S'il est vrai que Dieu ne puisse pas révéler au genre humain des choses qu'il a cachées à la raison humaine, s'il est vrai que le christianisme soit un tissu d'impostures sublimes, il ne faut pas chercher davantage ; il faut s'asseoir, couvrir son visage de ses deux mains et pleurer sur l'homme qui a été jeté ici-bas par une puissance inconnue et avec des destinées si incertaines.

« Non, mon ami, tel n'est pas notre sort ; tu n'arriveras pas à ce résultat désolant, si tu aimes la vérité, si tu la cherches avec ardeur et avec bonne foi, si tu es résolu de faire ce qu'elle t'ordonnera de faire quand tu l'auras trouvée.

« Car ces trois conditions sont indispensables pour réussir dans cette entreprise où il va de tout, et rien n'est plus rare que de les réunir ; on n'aime pas la vérité, on ne la cherche pas avec candeur, ou l'on n'est pas résolu de la pratiquer.

« Écoute ce que disait Celui qui savait toutes choses : *hoc est autem judicium ; quia lux venit in mundum et dilexerunt homines magis tene-*

bras quam lucem ; erant enim eorum mala opera. Omnis enim qui male agit, odit lucem et non venit ad lucem ut non arguantur opera ejus.

« O mon cher ami, tu es encore jeune, comme moi, tu es encore plein de cette simplicité de cœur qui distingue la jeunesse, tu n'as point sur la tête le poids de cinquante ans de fautes et d'erreurs, tu es digne d'aimer et de connaître la vérité. Es-tu certain que la religion chrétienne soit fausse ? Si tu crois en être certain demande-toi quels sont les motifs de certitude sur quoi tu t'appuies et tu verras que ton esprit ne te présentera rien de précis, de positif, de suivi, rien qui puisse rassurer ta confiance contre le reproche de témérité. Si tu n'es pas certain qu'elle soit fausse, tu vois bien qu'il faut l'étudier, non seulement dans les livres de ses ennemis, mais aussi dans les écrits de ses défenseurs. Nous en reparlerons encore aussi souvent que tu le voudras.

« Heureux les amis qui ont la même religion. Adieu.

« Henri Lacordaire. »

Lacordaire à Ladey

« Issy, 23 juin 1825.

« Je regrette, mon cher ami, de n'avoir pas su plus tôt ta maladie ; je t'aurais écrit souvent afin de te consoler un peu et je n'aurais pas craint que la faiblesse de tes yeux t'empêchât de me lire. Je ne t'aurais pas surtout envoyé une lettre si sérieuse que ma dernière, quoique souvent, dans l'état de mauvaise santé, l'homme frappé de sa faiblesse et de son impuissance lève plus volontiers les yeux vers le ciel et médite des choses plus durables que celle d'une vie dont il comprend alors toute la fragilité.

« Oui, je voudrais avoir mon bras sur le tien, pour causer doucement de ces grandes choses. Tu vois que je t'emprunte une de tes expressions : entre amis tout est commun. Crois-tu que tu ne reprendrais pas des forces si tu me voyais entrer un matin dans ta chambre, écarter tes rideaux et te présenter cette figure d'ami que tu n'as pas vue depuis bientôt trois ans ? Allons, je veux accomplir ce rêve ; j'irai, je préviendrai tes désirs, le temps est fixé. Je serai à Dijon avant peu, j'y passerai deux à trois mois ; nous serons tous ravis de nous revoir. J'ai la tête et le cœur pleins de ce projet ; tout est déjà arrangé avec maman. Néanmoins j'ai voulu te consulter là-dessus et consulter aussi Foisset et Lorain.

« Tu es peut-être surpris de mes consultations sur une chose qui paraît si simple. Mais mon changement d'état, l'abandon que j'ai fait de mon diocèse naturel, les préventions que l'on peut encore nourrir contre moi me font douter si le séjour de Dijon me sera agréable et s'il ne vaudrait pas mieux attendre encore d'y aller. Mille choses m'attirent : ma mère, mes parents, mes amis, le besoin du repos et de l'air natal, le désir d'habituer tout le monde à mon nouveau sort avant de contracter un engagement irrévocable au pied des autels, ce charme que je trouverais à resserrer, par de nouveaux nœuds, ces amitiés qui s'étaient formées sous d'autres auspices, tout cela m'attendrit et m'entraîne. Dis-moi franchement ta pensée, et sacrifie, s'il le faut, le plaisir de me voir à la vérité et à mes intérêts, qui sont aussi ceux de la religion.

« Adieu, mon cher ami, réponds-moi vite, très vite. Sois joyeux, guéris-toi et aime-moi.

« Henri Lacordaire. »

Lacordaire à Ladey

« Issy, 4 juillet 1825.

« Je suis enchanté, mon cher ami, que tu approuves mon voyage et que tu te réjouisses de me voir. — Comme toi, je fais des rêves et j'espère qu'ils se réaliseront bientôt.

« Par l'ordre de mes supérieurs et du médecin, j'anticipe sur le temps des vacances. — Je resterai à Dijon pendant les trois mois qu'on me donne, c'est à peine si j'irai faire quelques excursions de peu de jours dans les environs. Nous serons donc tout entiers l'un à l'autre. Préviens nos amis. — Adieu donc, reprends des forces et attends-moi, dans 15 jours ! Adieu.

« Henri Lacordaire. »

III

Lacordaire à Ladey. — Luxeuil

« Dijon, 20 août 1825.

« Mon cher ami,

« Je suis arrivé le 13 au soir à Langres, je t'eusse répondu sur-le-champ si je n'avais été obligé de partir le lendemain pour Dôle où j'allais visiter l'établissement des pères de la Foi ou des jésuites. J'ai été frappé de la tenue des jeunes gens et j'ai vu combien la religion rend la jeunesse aimable en même temps que j'ai réfléchi combien elle est nécessaire à un âge où le défaut d'expérience, l'activité des passions et le manque d'intérêts positifs et sentis exposent à prendre la vie tout de travers et à ruiner d'avance son avenir. Plus tard, quand on a commencé à connaître le monde et à s'unir à la société par tous ces liens qui rattachent les individus à un centre commun, on commence aussi à s'apercevoir du vide que laissent au fond de l'âme le monde et toutes ses jouissances. Au collège, le monde est un espoir, une perspective ; dans le monde, on n'en trouve plus et on en a encore besoin. Je sais bien que les honneurs, la richesse, la gloire forment encore pour l'homme quelque chose qu'il ne tient pas et auquel il aspire. Mais ce n'est qu'une espèce de fumée qu'il voit de loin, qu'il dédaigne lorsqu'il l'a saisie et que les plaintes de ceux qui l'obtiennent rendent facilement méprisable à ceux qui ne l'atteignent pas. C'est une sorte de mirage qui frappe les yeux, mais qui ne leur cache rien de réel si ce n'est un précipice.

« Il ne faut qu'un jour à une âme élevée pour dévorer le monde. Alors elle s'indigne contre cette création immense où elle est à l'étroit, contre celui qui l'a jetée sur cette boue magnifique qu'elle trouve indigne d'elle. Elle va sans cesse de l'instant de sa vie à l'instant de sa mort et se trouve pressée entre ces deux grands mystères sans rien trouver dans l'intervalle qu'une vaine représentation qui l'amuse quelquefois, qui l'attriste souvent et qui lui pèse toujours par un sentiment invincible de son inutilité !

« O mon ami, voilà l'homme qui est sans religion. Voilà la plaie qui le ronge. Il naît sans savoir comment, ni pourquoi. Il est élevé par des parents que l'habitude lui fait aimer. Il reçoit et admet plus ou moins certains principes nécessaires pour que les hommes ne soient pas des tigres, il les pratique plus ou moins dans son intérêt, la bonté ou la méchanceté naturelles de son cœur, les circonstances où il se trouve. Il travaille pour être logé, vêtu, nourri avec plus ou moins de délicatesse, car toutes les jouissances matérielles se bornent là; il fait de l'intérêt ou de l'amour-propre le principe de toutes ses actions suivant qu'il a une âme plus ou moins élevée... Le temps passe avec cela, la vieillesse arrive, il voit de plus près la mort, il ne la comprend pas plus que sa vie. Il attend le coup avec regret, avec anxiété, il se demande encore : Pourquoi, comment il meurt. Dieu sait le reste.

« O mon ami, ce que je te dis là n'est-il pas vrai ? J'avoue qu'à l'époque où j'avais le malheur d'être sans religion je ne comprenais ni moi, ni la société, ni rien de ce qui est et que je me conduisais presque toujours par des motifs d'orgueil, quelquefois par une bonté naturelle que le défaut de croyance n'enlève pas tout entière. Je sentais cependant ma conscience agitée et cela seul me faisait voir que je n'étais pas dans un état naturel. Que tout est changé maintenant ! Il existe un Dieu. Il m'a créé libre afin que je puisse faire ou ne pas faire ; il m'a imposé des lois pour que je puisse faire bien ou faire mal et mériter soit des récompenses, soit des châtiments, seul moyen qu'il avait pour manifester sa justice qui consiste à rendre à chacun ce qui lui est dû. Il m'a placé sur une terre où sa toute-puissance, sa sagesse, son infinité brillent de toutes parts ; il ne m'y a pas placé seul, mais au milieu d'une société composée d'êtres semblables à moi, doués de la même liberté, soumis aux mêmes lois, unis entre eux par des liens invincibles et dans un ordre de dépendance réciproque qui est admirablement propre à développer le germe des vertus que contient le cœur de l'homme et le germe des vices qu'il doit dompter.

« Cette existence n'aura qu'un temps, c'est le temps de l'épreuve : nous sommes promis à l'éternité qui consommera l'œuvre de la bonté et de la justice de Dieu, à laquelle nous n'avons pas été donnés dès notre naissance, parce que Dieu n'eût été que bon et qu'il a voulu être juste. Que m'importe à présent la vanité de la vie ?... Ah ! sans doute elle est vaine, tout ce qui finit est vain ; mais cette vie est grande encore parce qu'elle est liée à l'éternité. Voilà la perspective qui me manquait, et que je ne dévorerai pas dans un jour, quand je la tiendrai, parce que l'infini est inépuisable. Dieu a commencé envers moi par un acte de bonté avec de telles promesses, et mettant mon sort éternel dans ses mains ; il finira par un acte de justice, soit qu'il me condamne à le haïr éternellement parce que je ne l'aurai pas aimé sur la terre, soit qu'il me permette d'aimer ses perfections infinies d'un amour sans fin, après les avoir aimées d'un amour passager. J'accomplis donc la loi de Dieu, et ma conscience, qui ne me trouble plus, m'avertit que je suis comme je dois être. Toutes mes facultés sont en harmonie. Je suis dans l'ordre.

« Mais voici qui est la source de jouissances bien vives et bien pures, qui rend la vie vraiment grande et vraiment attachante, qui ne permet plus de la regarder avec cet air de dédain superbe que je pardonne à l'incrédule ; c'est que notre vie conduit non seulement nous-mêmes à l'éternité, mais peut-être y conduira les autres. L'homme est un être social destiné à exercer une influence salutaire ou nuisible sur ses semblables, à les entraîner au bien ou à les précipiter dans le mal. Chacun dans un cercle plus ou moins vaste est Fénelon ou Voltaire, l'un rendant la vertu aimable aux hommes, l'autre embellissant le vice ; l'un sauvant le monde, l'autre le perdant, même sous des rapports purement humains. Oh ! qu'il est doux, au milieu de la corruption générale, de l'avilissement des caractères, de la dégradation des sociétés, de participer au peu de bien qui se fait çà et là dans le monde, de conserver une âme pure et supérieure à l'impiété qui est la source de tant de maux, et de protester enfin, par la force d'une vie religieuse, contre toutes les faiblesses, toutes les iniquités et toutes les folies humaines !

« Ne vois-tu pas, mon cher ami, qu'un grand combat se livre partout depuis le commencement du monde ? C'est le combat du bien contre le mal, de l'amour contre la haine ; il se livre dans tous les temps, dans tous les lieux, sous toutes les formes, et nous sommes appelés à y prendre part malgré nous. Il faut être d'un parti dans cette guerre civile ; nous sommes sortis de la neutralité en sortant du néant. Or, le seul parti bon, beau, vrai, c'est celui de la religion, car l'athéisme est la négation de toute vérité et de toute justice. Pour le déisme, c'est une croyance sans pratique qui ne mène ni à la fuite du mal, ni à la crainte de l'avenir, qui est inaccessible au peuple et qui ne sert pas même l'homme instruit. C'est une croyance vide d'œuvres, et livrée aux caprices du cœur de ceux qui l'admettent. Il y a peu d'athées et beaucoup de déistes : eh bien ! vois par ce qui t'entoure, par l'aspect du siècle, s'il y a dans le déisme assez de puissance pour mettre un frein au vice, pour détruire l'égoïsme politique et privé, pour créer de grands caractères, enfanter de nobles sacrifices et ces hautes vertus qui sont la gloire des générations où elles ont éclaté. Ce siècle est petit, rien n'y remue le cœur, parce que la religion en est absente. L'intérêt ou le devoir, il n'y a que ces deux mobiles pour l'homme : l'un est la source de tout ce qui est vil, l'autre de tout ce qui est beau. Que te dirai-je encore, mon cher ami, la paix est là où se trouve la vérité ; tu n'as point la paix parce que tu n'as point la vérité.

« Lorsque Jésus-Christ se sépara de ses apôtres, il leur dit ces dernières paroles : *que la paix soit avec vous !* mot plus profond qu'il ne semble au premier coup d'œil ; c'était leur souhaiter que la vérité demeurât toujours au milieu d'eux. Il n'y a que le vrai chrétien qui vive en paix avec lui-même. Oh ! que ton existence serait changée et agrandie si tu devenais chrétien ! Tu en as besoin plus que personne, comme tu me le dis dans ta lettre. Nous étudierons donc ensemble cette religion dont la croyance te ferait tant de bien. Nous commencerons à ton retour à Dijon, et nous finirons dans notre correspondance ce que nous n'aurons pas achevé.

« Voici la marche qui me semble la plus convenable et la plus facile : nous supposerons que tu admets le déisme, et ce sera là notre point de départ afin d'arriver sur-le-champ aux vérités positives du christianisme. Mais tu ne regarderas cette croyance que comme provisoire et lorsque l'examen de la religion sera fini, nous reviendrons sur nos pas pour asseoir la base de l'édifice d'une manière solide et définitive. Tu seras peut-être surpris de cette marche, mais nous perdrions beaucoup de temps à établir le déisme, tandis qu'une fois habitué au raisonnement par nos discussions la chose se fera vite. D'ailleurs, tout le monde admet le déisme, et nous partirons d'une base reconnue par les adversaires de la religion. Je le ferai donc un résumé court des croyances déistes, et tu t'engageras à ne jamais les contester dans le cours de la discussion. Tu te trouveras à la fin entre l'alternative d'être *athée ou chrétien*. Alors nous culbuterons l'athéisme. Quant à l'examen des vérités chrétiennes, nous procéderons ainsi : nous partirons de principes avoués, incontestables, et nous irons, de preuves en preuves, jusqu'à l'établissement complet du christianisme. Après avoir établi une preuve en particulier, et nous être assurés qu'elle est irrécusable, nous aborderons les objections particulières à cette preuve et nous en donnerons la solution. Cela ira ainsi de suite.

« Voilà, mon cher ami, le plan que je propose. Nous nous réunirons alternativement chez toi et chez moi une heure et demie chaque jour. Nous écrirons la proposition à prouver; après cela les preuves que j'aurai données, ensuite les objections et leurs réponses. Cela fera, avec une correspondance postérieure, un cours écrit et complet.

« Je me porte bien. Adieu, mon cher ami. Je t'embrasse de tout mon cœur.

« H. Lacordaire. »

Victor Ladey à Ed. Boissard

« Luxeuil, août 1825.

« Lacordaire est donc encore à Pouilly, puisque tu espères l'y voir? — Je ne sais quand je pourrai lui écrire. Ce qu'il m'a dit ne cesse de m'occuper depuis que je suis exilé ici, et j'y puise des dispositions beaucoup plus tristes que gaies. Ah bah! au bout du compte, si j'étais aussi bien converti que lui, je me ferais tout aussi bien prêtre, car je crois qu'il n'y a, alors, rien de mieux à faire. Je me reproche de ne lui avoir pas encore récrit. Le bon cœur me le pardonnera. En quelque lieu que tu le voies, demande-lui pardon pour moi et parle-lui de mon amitié.

« Victor. »

Lacordaire à Ladey

« Dijon, 1ᵉʳ septembre 1825.

« Mon cher ami, j'ai rendez-vous avec Lorain et Foisset pour le 3 septembre. Foisset vient exprès de Louhans à Mâcon pour m'y trouver, et de Zurich, Lorain m'a écrit pour m'annoncer son arrivée. Tu vois que je ne puis reculer mon départ, quelque désir que j'aie de te revoir. — Je te reverrai bientôt à Paris.

« Je ne m'étonne pas, mon ami, que tu n'aies pas encore de données suffisantes pour prendre un parti définitif dans l'affaire la plus sérieuse. Nous avons encore du chemin à parcourir, mais nous le parcourrons et je ne te demande que de la bonne foi et de la bonne volonté. Souviens-toi que les premiers mots qui annoncèrent au monde son libérateur et à la société une civilisation nouvelle furent ceux-ci : « *Paix sur la terre aux hommes de bonne volonté.* » Sois sûr que quiconque cherche la vérité avec ardeur la trouvera. Tu n'es plus incrédule, tu es dans un état de doute ; c'est te dire que tu ne dois plus rester avec insouciance entre l'erreur et la vérité ; toute ta vie dépend de l'examen que tu vas faire. Ton bon et ton mauvais génie sont aux prises en ce moment. Aie du courage.

« Adieu, je serai ici pour la mi-octobre et le 30 à Paris.

« Henri. »

Lacordaire à Ed. Boissard, à Fortbonnet

« Dijon, 20 octobre 1825.

« Mon cher Edmond, je viens de passer une quinzaine près de Lorain et de Foisset. Théophile et moi nous sommes arrivés à Mâcon le jour même où tes deux compagnons de voyage rentraient dans leurs foyers, charmés de la Suisse, comme tous ceux qui l'ont vue, comme moi, par exemple, quoique tu prétendes que je ne l'ai pas entrevue.

« Voilà bien de mes gens ! Parce que ces Messieurs sont montés au Grimsel, il n'y a plus que le Grimsel dans la Suisse, et parce qu'ils ont vu le Staubach il n'y a plus que cette cascade-là !... Thébains ! Thébains ! Vous sortez du champ de bataille de Leuctres, fiers d'avoir battu sur un point des hommes qui vous ont battus partout. Quand on n'a pas vu Vevey, mon cher Edmond, quand on n'a pas traversé la vallée délicieuse qui mène de Martigny à Villeneuve, on n'a rien à reprocher à personne. Pauvres gens que les neiges ont empêchés de monter au Saint-Gothard ! et puis on vient rire des autres au coin de son feu, dans une bonne ferme de France. — As-tu vu Lyon, toi ?... C'est là une belle ville, une grande ville, placée entre les deux fleuves dont les rives sont plus riches que les bords du lac de Genève. J'y suis allé avec Lorain et j'ai été enchanté de ce voyage.

« Je pars samedi pour Langres et je serai le 28 à Paris. — On voulait me faire entrer cette année au séminaire de Paris ; j'ai préféré demeurer à Issy et j'en ai obtenu la permission. Je suis très content de mes vacances, je me porte très bien.

« J'ai lu presque tout Schiller et plusieurs pièces de Shakespeare. Je reconnais qu'elles contiennent de véritables beautés, mais qui ne méritent ni une admiration exclusive, ni une admiration supérieure à celle que mérite notre théâtre. Ces pièces ne sont que l'histoire supérieurement mise en dialogue, et on s'étonne même qu'on n'ait pas mieux fait avec une latitude si grande et des matériaux si immenses. C'est un genre comme un autre, mais qui est cent fois plus facile que la tragédie française. J'ai été peu content de Schlegel, qui ne m'a paru contenir aucune vérité neuve, mais une simple analyse plus ou moins piquante des pièces de différents théâtres. Je te remercie de me l'avoir prêté. — Je l'ai remis à Ladey. Je te remercie aussi de ton petit billet, sans points ni virgules, à la manière romantique, apparemment. Ce que c'est que l'esprit de parti !

« Adieu, souviens-toi un peu de moi.

« H. Lacordaire. »

Lacordaire à Ladey.

« Issy, 8 novembre 1825.

« Mon cher ami, il m'a été pénible de quitter Dijon sans te faire mes adieux, d'autant plus que j'ignore quand nous aurons le plaisir de nous revoir. Je te remercie de tous les moments agréables que tu m'as procurés pendant ces vacances. J'ai senti plus que jamais que nous étions faits l'un pour l'autre et j'espère que notre amitié s'allumera encore quelque jour au feu d'une religion qui nous deviendra commune. Le christianisme rend les hommes meilleurs, plus forts, et il est enfin la seule vérité certaine qui soit ici-bas. Tant qu'on n'est pas arrivé là, il reste au fond de la pensée un doute que l'on cherche à éteindre par ses lectures, ses entretiens, ses occupations et qui vous poursuit jusqu'au tombeau; mais quand un chrétien regarde le monde du point où sa religion l'a mis, il ne voit plus rien au-dessus de lui; il a fait tout ce que l'homme peut faire et il peut se présenter à la divinité.

« Je regrette, mon cher ami, que nous n'ayons pas eu le temps de pousser plus loin l'examen que nous avions commencé à faire des preuves de la révélation. Mais si ton désir est de le reprendre, je te présenterai dans ma première lettre les raisonnements qui établissent l'authenticité et la véracité des livres de l'ancien Testament. Nous avancerions ainsi vers le but. Tu acquerras sans cesse de nouvelles lumières autour desquelles tu en grouperas d'autres par tes propres réflexions et tu verras enfin s'évanouir toutes les difficultés qui embarrassent ton esprit. Je n'ai qu'une pensée dans tout ceci, c'est de te faire connaître la vérité, parce qu'il m'a été doux de la connaître, et qu'au fond c'est là tout ce qu'il y a d'important ici-bas. *Le reste est un vain songe.* Cet hémistiche est de Zaïre, à ce que je crois. C'est la pièce de Voltaire que j'aime le mieux ; il y a des choses divines sur le christianisme qui est là aux prises avec l'amour. Quel spectacle que celui que présente à nos yeux ce Lusignan qui a combattu soixante ans pour son Dieu, ce Nérestan, qui vient de Paris à Jérusalem payer la rançon de dix chevaliers lorsqu'il ne peut payer la sienne, cet Oromane, aussi grand qu'on peut l'être quand on n'est pas chrétien. J'ai lu bien souvent cette pièce et jamais sans être ému d'un bout à l'autre. Chaque vers obtient une larme.

« Les théâtres étrangers n'ont jamais fait

une impression semblable sur moi. Je te remercie néanmoins des volumes de Schiller et de Shakespeare que tu m'as prêtés. Maman a dû les faire remettre chez toi. J'ai été ravi de Jules César, très mécontent de Macbeth, fort mal satisfait de Roméo, sauf deux ou trois scènes. Nathan le Sage m'a souverainement ennuyé, et s'il n'y a pas de peinture de mœurs plus exacte que celle de Gœtz de Berlichigen, il n'y a pas non plus de drame qui paraisse plus insignifiant. C'est peut-être un blasphème, mais je ne savais pas à la fin de quoi il était question.

« Me voilà casé au séminaire avec le frère d'Hippolyte Régnier (1) que j'ai amené avec moi pour faire sa philosophie. Il était arrivé à Paris deux heures avant moi et à six heures du soir nous étions à Issy.

« Si Boissard et Abord sont de retour, fais-leur mes compliments. Adieu, écris-moi. — Ton ami dévoué.

« H. Lacordaire. »

(1) Joseph Régnier, devenu chanoine à Nancy, où il mourut en 1889.

Lacordaire à Ladey

« Issy, 23 novembre 1825.

« Je suis enchanté, mon cher ami, des deux lettres que j'ai reçues de toi, qui me montrent toute l'étendue de ta confiance et de ta bonne volonté. La marche que tu as prise avec Edmond est excellente et une preuve de ton bon jugement : tu ne dois manifester un changement d'opinion tant qu'il ne sera réellement pas opéré. Mais tu dois aussi montrer un certain respect pour les choses dont tu doutes et qui sont crues par une foule d'honnêtes gens et de bons esprits. La plaisanterie ne convient pas dans des matières aussi graves, surtout lorsqu'on ne les a pas encore étudiées à fond. Ah ! mon cher, que d'hommes sont morts pour les défendre, que d'autres ont fait pour elles des sacrifices immenses ; que d'autres ont été consolés par elles ! Se moquerait-on d'une chose qui aurait tari les larmes d'une seule infortune ? Et il y en a tant eu, dans le monde, dont la religion a fermé les plaies !

« Pour arriver au Catholicisme par la voie d'examen, il faut monter quatre échelons différents qui tous ont leurs obstacles séparés et qu'il est impossible de franchir à la fois. Il faut commencer par être déiste dans toute l'étendue de ce terme et admettre par conséquent la possibilité de la révélation. C'est le premier pas, et tu l'as fait. Ensuite il faut devenir juif, c'est-à-dire croire ce que croyaient et que croient encore les juifs : foi qui se réduit à trois points : Moïse a été inspiré par Dieu dans la législation qu'il a donnée aux Hébreux ; Un messie a été promis au monde ; Le peuple juif est le dépositaire de ces promesses.

« Après cela il faut devenir chrétien, c'est-à-dire croire que le Messie est venu, que ce Messie est le Christ et que les Évangiles continuent la révélation qu'il a faite. Enfin, il faut devenir Catholique, c'est-à-dire croire que le Christ a institué un tribunal visible perpétuel et universel pour interpréter la doctrine avec infaillibilité dans toute la durée des siècles : *Ut non simus sicut parvuli fluctuantes, ne circumferamur omni vento doctrinæ.* En un mot, il faut partir de la raison pour arriver à déposer sa raison aux pieds de l'Église, avec raison. Hélas ! si nous avions quelque chose à demander à Dieu, ne serait-ce pas qu'il nous donnât une voie sûre pour nous débarrasser de toutes les incertitudes de notre esprit si faible, si facile à tromper surtout ? Je chercherai donc à te prouver que, quand on est déiste, c'est une folie de ne pas devenir juif ; que quand on est juif c'est une folie de ne pas devenir chrétien; que quand on est chrétien, c'est une folie de ne pas devenir Catholique.

« Je te prie donc de lire le *Pentateuque* de suite, avec la traduction de Sacy, et les lettres de quelques juifs à Voltaire par l'abbé Guenée, où tu verras la solution de beaucoup d'objections de détails. Après quoi tu passeras aux *Prophètes*. Sans cette lecture, nous nous entendrions avec moins de facilité. Fais cela, je t'en prie, le *Pentateuque* surtout. *C'est le fond de la langue*, comme dit quelqu'un dans une pièce que tu connais.

« Tu sais sans doute que je suis à Issy avec Joseph Régnier. C'est un bon enfant. Je te charge de présenter mes amitiés et mes compliments sincères à Hugues Darcy (1) que j'ai un peu connu ces vacances et dont j'ai infiniment apprécié les rares qualités. J'espère le retrouver quelque jour et lui montrer qu'on ne l'oublie pas quand on l'a une fois connu.

(1) Hugues Darcy, frère de l'ingénieur Henri Darcy, entré dans l'Administration, fut successivement préfet de la Manche, du Gard, du Rhône, et mourut au château de Gouville, propriété de sa famille.

« Adieu, mon très cher et très bon ami. Je t'aime de plus en plus devant Dieu, devant les hommes. N'as-tu pas lu dans *les Martyrs* cet épisode de deux jeunes gens qui, fatigués du monde dont ils avaient épuisé les plaisirs, se rencontrèrent un jour dans la plaine de Rome, sur le tombeau de Scipion, et là, s'entretenant des vanités humaines, devinrent peu à peu chrétiens et se donnèrent tout entiers à une religion que toutes les âmes élevées comprennent et qui accueille tous les grands ennuis et les grandes infortunes. J'espère que nous nous rencontrerons un jour sur le tombeau de Scipion.

« Adieu. Écris-moi les objections que tu entends et qui te frappent le plus. Il suffit souvent d'un mot pour les résoudre. Ce seront quelques tirailleurs que nous jetterons en avant du corps de bataille ou sur les côtés.

« Adieu.

« H. Lacordaire. »

Lacordaire à Ladey

« Issy, **21** décembre 1825.

« Mon cher ami, j'ai prononcé le 8 de ce mois le sermon auquel je travaillais depuis mon retour et dont le sujet était *le Mystère de l'incarnation*. Il a obtenu quelque succès et fixé mes idées sur le genre de travail auquel je veux consacrer ma vie. J'hésitais depuis longtemps si je voulais me donner tout entier à la chaire ou préparer longtemps dans la retraite et la méditation un ouvrage complet sur l'histoire et les preuves de la religion catholique. Mais je voyais avec effroi qu'il me faudrait trente années de travail, une nombreuse bibliothèque, une fortune indépendante et que tout cela me manquait.

« J'étais sûr qu'on ne voudrait pas me laisser sans de fortes occupations dans le saint ministère et je me voyais avec inquiétude sans cesse arraché à un travail entrepris par goût, pour me livrer à l'exécution de pensées étrangères, et ne faisant bien ni ce que je voulais ni ce qu'on voulait de moi.

« Au contraire, le parti de me consacrer uniquement au ministère de la parole évangélique me présente une suite de travaux faciles à interrompre, faciles à reprendre, et beaucoup plus dans l'ordre des desseins que mes supérieurs peuvent avoir sur moi.

« Enfin le sermon que je viens de prononcer m'a révélé mon avenir et j'ai compris que j'avais beaucoup plus de dispositions à devenir orateur qu'à être un apologiste invincible. Ce qui domine dans mon esprit, c'est l'imagination et la sensibilité, et c'est de la combinaison de ces deux facultés unies au raisonnement que je tire ma plus grande force. Je m'explique avec toi sans orgueil et sans modestie, avec franchise et liberté.

« L'impression que j'ai faite m'a averti que je serais touchant en chaire et que ma parole pourrait exercer une grande puissance, quoiqu'il me reste encore beaucoup à faire. Mais j'aime mieux n'être pas encore formé. C'est un mauvais signe de l'être trop tôt. C'est une belle tâche que celle de maintenir dans la foi et d'affermir dans la vertu les âmes qui sont restées pures de la contagion du siècle. Voilà, mon cher ami, quelles sont mes pensées, quel est mon plan, ce que je veux faire de ma vie et tu es le premier à qui je me sois ouvert là-dessus.

« Donne-moi tes conseils sur mon dévouement

absolu au genre oratoire avec toute l'amitié et toute la franchise que nous nous devons l'un à l'autre ; je veux que tu possèdes tous les petits secrets de ma vie, comme tous les grands si j'en ai jamais.

« Tu dois me trouver bien paresseux et bien peu zélé à ton égard. Du courage ! Lis toujours et propose-moi tes objections et tes doutes, jusqu'à ce que je puisse t'envoyer des dissertations suivies. Une lecture bien dirigée te sera infiniment utile, et nous nous entendrons mieux dès que nous pourrons raisonner à notre aise. Pardonne-moi ma négligence et crois que je n'ai rien plus à cœur que les intérêts éternels et ton bonheur en cette vie. Je voudrais pouvoir être tout à toi et te montrer par des effets combien je te suis profondément attaché. Aime-moi toujours, je t'en prie. Je suis charmé quand tu m'ouvres ton cœur avec tant de franchise et de grâce, et je crois que tu es destiné à recouvrer la foi parce que tu as le cœur bon, élevé et qu'on ne peut t'appliquer ce qu'un illustre et saint évêque du siècle dernier disait des incrédules pour indiquer les causes de leur aberration : *c'est le cœur qui leur fait mal à la tête.*

« Je t'embrasse tendrement

« Henri. »

Lacordaire à Ladey

« Issy, 5 janvier 1826.

« Il me semble, mon cher Victor, que tu as mal saisi le sens de ma lettre au sujet de la détermination dont je te parlais. Je ne veux ni ne puis me consacrer aux missions pour une multitude de motifs. On peut monter dans la chaire chrétienne sans être missionnaire et tu sais bien que Bourdaloue et Massillon ne l'étaient ni l'un ni l'autre. Je ne quitterai point Paris auquel j'appartiens et d'où je ne pourrais m'arracher quand je le voudrais. Sois tranquille là dessus de toute tranquillité. Qu'est-ce que se consacrer à la chaire? C'est composer des sermons pour les stations de l'Avent, du Carême et dans d'autres circonstances qui se présentent pendant l'année ecclésiastique ; ce travail, mon ami, me fatiguera moins qu'un autre parce qu'un sermon est un ouvrage court, facile à interrompre et qu'il n'en faut pas un grand nombre pour pouvoir prêcher toute sa vie. Massillon n'en a guère que 80 dans son recueil. Voilà ce que je voulais te dire, mon bon ami, et je suis fâché que tu aies parlé à Boissard des missions auxquelles je n'ai jamais pensé et qui seraient tout à fait contraires aux vues de mes supérieurs.

« Je suis enchanté que tu viennes à Paris parce que ce voyage te fera travailler et me procurera le plaisir de te voir. Tu trouveras le séminaire enfoncé dans la neige jusqu'au cou. J'ai été un peu indisposé pendant quelques jours ; je me porte très bien aujourd'hui, dis-le à maman.

« Rien de nouveau, sinon que je t'attends. Viens donc vite. Sois docteur, professeur et toujours mon ami.

« H. Lacordaire. »

Le souhait de Lacordaire devait prochainement se réaliser. Ladey, déjà docteur, vint à Paris se préparer au concours de 1827. Afin de lutter avec des adversaires tels que Foisset, Lorain, Marchand (1), Pellat, Serrigny, Demolombes, il se donna au travail. Tout en s'y livrant, il ne s'y absorbait point et passait avec Lacordaire ses heures de loisir.

(1) Devenu conseiller d'État, M. Marchand conserva les plus amicales relations avec Ladey et Lorain.

Lacordaire à Boissard.

« Issy, 9 février 1826.

« Mon cher Edmond, Ladey est arrivé. Je l'ai revu avec un extrême plaisir. Nous ne nous lassions pas de causer. Il m'a dit que tu avais envie d'avoir un jour une maison de campagne à Interlaken, entre le lac de Thun et le lac de Brientz, et j'ai admiré que tu eusses eu précisément la même idée que moi. Je ne sais pour quelle raison cet endroit est celui de toute la Suisse qui m'a paru le plus agréable à habiter, le plus riche en promenades et en excursions délicieuses. Les autres sites me paraissent trop sauvages ou trop rapprochés des villes ; Interlaken réunit ce qu'il y a de plus agreste avec ce qu'il y a de plus riant. Nous nous rendrions là pendant l'automne et nous y passerions nos vacances. Je dis *nous* et je ne songe pas que jamais peut-être je ne goûterai de semblables jouissances et qu'un prêtre de Jésus-Christ ne devrait pas même les souhaiter avec ardeur.

« Je lisais l'autre jour dans *les Martyrs* de

M. de Chateaubriand, que Cymodocée, prête à être baptisée par saint Jérôme dans les eaux du Jourdain, disait avec attendrissement : « Je ne regrette, dans les choses de la vie, que de ne pouvoir plus aller sur le mont Ithone voir les troupeaux de mon père. » C'est ainsi, ajoute le brillant écrivain, que cette vierge chrétienne confondait encore dans son âme et dans son langage les pensées du christianisme avec les souvenirs de son ancienne religion ; comme l'on voit deux lyres suspendues à la même branche mêler ensemble, au souffle du vent, les accords du mode d'Éolie et du mode Dorien, hélas ! notre âme tient toujours par quelque côté aux choses de la terre et il est difficile de se mettre à la hauteur de sa vocation.

« Je viens de recevoir l'ordre d'aller demeurer au séminaire de Paris, que l'on regarde comme plus avantageux à mon éducation ecclésiastique. Je quitte donc le séminaire d'Issy lundi matin et je te prie de faire part à Lorain de cette nouvelle disposition qui me laisse quelques regrets. Mais enfin il faut faire son devoir. Je t'embrasse de tout mon cœur.

« Henri Lacordaire. »

Lacordaire à Ladey, 7, rue de Tournon, Paris.

« Issy, 11 février 1826.

« Mon cher ami, j'ai eu plusieurs fois l'idée de t'écrire pour t'exprimer combien j'avais été content de la visite que tu m'as faite et quel baume elle m'a mis dans le cœur.

« Je vais donc habiter le séminaire de Saint-Sulpice, de sorte que nous serons voisins, et j'y transporte mon domicile demain matin.

« Travaille, sois docteur et toujours mon ami.

« Henri. »

Deux jours après, Lacordaire écrivait :

« Je suis casé au séminaire de Paris dont je suis très satisfait. Je puis te voir tous les jours depuis une heure moins un quart jusqu'à deux heures moins un quart. Nous demeurons rue Pot-de-fer, la première grande porte à droite en venant du Luxembourg, et la première à gauche en venant de Saint-Sulpice. Je t'attends demain jeudi.

« H. L. »

Lacordaire à Ladey, rue de Tournon

« Saint-Sulpice, Paris, 8 mars 1826.

« Mon cher ami, je viens te prier de t'informer s'il est possible de trouver à Paris le livre des *Institutes de Gaïus* qui ont été imprimées en Allemagne et en Italie en 1817. Si tu le trouves tu me l'achèteras et me l'apporteras aussitôt que possible. Adieu, je t'embrasse, je ne t'écris qu'un mot parce que l'examen approche tous les jours et que je m'évanouis dans la théologie. »

« Henri. »

Lacordaire ne « s'évanouissait » pas tellement dans la théologie que les affections naturelles perdissent de leur attrait. Au contraire, l'amour divin élargit le cœur. Quoi de plus solide que cette intimité si rare de deux jeunes gens, l'un et l'autre séduits par le bien et le beau, que le mal n'a pas même effleurés, qui n'ont rien à se taire et dont la gaîté est celle des âmes saines. Il y avait bien entre eux quelques nuances, mais quand on s'aime ainsi, on s'entend toujours. Si Ladey préférait à Lacordaire apôtre Lacordaire ami, il respectait trop son mobile pour y répondre autrement que par l'opposition d'un esprit retenu par des doutes.

Lacordaire à Ladey, rue de Tournon

« Paris, 9 mars 1826.

« Mon cher ami. Je t'écris deux mots sur le concile de Trente. Il est faux que ce concile ait déclaré anathème à ceux qui cherchent à se convaincre de l'infaillibilité de l'Église par des preuves tirées, soit de la raison, soit de l'écriture, soit de la tradition ; à ceux qui examinent en particulier toute espèce de dogme et les comparent aux vérités rationnelles, écrites ou traditionnelles. Il ne s'y trouve absolument rien de semblable, ni de près, ni de loin. Bien entendu que le concile déclare hérétiques ceux qui rejettent ces décrets ; mais il ne défend pas de les examiner par toutes les voies, et c'est ce que nous faisons tous les jours en théologie. Tu peux défier qui que ce soit de te montrer le contraire dans le concile de Trente et dans tous les conciles du monde. Adieu... Henri. »

Lacordaire à Ladey, rue de Tournon, Paris

« Paris, 26 août 1826.

« Mon cher ami,

« Si je vais te prendre à Paris sur les dix heures, il en sera onze avant que nous ne soyons dans un coucou pris sur la place Louis-XV, et que ce coucou soit parti. Nous arriverions donc à Versailles sur les une heure et demie, obligés d'en repartir à quatre pour me trouver à Issy à sept. Tu vois que nous aurions trop peu de temps. Le meilleur est de venir ici à une heure après midi. Nous irions nous promener à Meudon et dans les bois d'alentour. Tu ne connais pas encore ce château et cette position et cela te fera plaisir de les voir. Adieu, à lundi.

« H. Lacordaire. »

IV

Au jour convenu, Lacordaire et son ami partirent ensemble; c'était leur dernière réunion: Ladey, ses cours terminés, devait passer ses vacances en Bourgogne, auprès de son père et Lacordaire demeurerait à Saint-Sulpice, cette troisième année de séminaire étant pour lui décisive.

Avant de quitter « son cher Victor », il voulut causer encore avec lui des vérités de la religion et, pour n'être point troublé, Lacordaire choisit un lieu solitaire et charmant, la forêt de Meudon. En ce plein éclat d'été le sous-bois était désert, tranquille et frais, très beau ; les allées immenses, les arbres d'une chaude coloration, et leur délicieuse paix s'harmonisait avec les graves pensées de l'un, l'esprit rêveur de l'autre. Ce calme profond leur fit sentir qu'ils étaient seuls et pouvaient se parler cœur à cœur. Si Ladey ne se dérobait pas, du moins il se réservait et dans ses vues supérieures pour « l'âme de son ami », Lacordaire s'enflammait, adjurait ce cher combattant dont il voulait triompher. Mais son adversaire était très fort, d'une conscience qui ne transige pas, ne s'abuse pas elle-même. « Si je croyais, disait Ladey, moi aussi je serais prêtre. »

Il faut le reconnaître, malgré son talent de parole déjà très remarquable, malgré la flamme de son cœur d'ami et d'apôtre, il manquait à Lacordaire ce qui achève l'homme et lui donne l'autorité : — le temps. Sans autorité on ne fait rien.

Cependant, son labeur ne pouvait être vain. Il ouvrit le sillon, y jeta le grain de la vérité. Ce grain germa, produisit, mais cette heure, hélas ! ne sonna point pour lui : Lacordaire devait mourir sans connaître les ineffables joies qu'il s'était promises.

Tristes tous deux, ils se taisaient... Le jour diminua de clarté, l'ombre s'étendit au fond même du bois; les deux amis, mélancoliques de ce silence des choses, plus attristés encore de s'être si peu compris, revinrent à Paris sans rien se dire. A la porte du séminaire, ils se jetèrent dans les bras l'un de l'autre, sinon dans la plénitude des ravissements de l'âme, du moins dans la sécurité d'une inébranlable amitié.

Le lendemain Ladey quittait la grande ville et Lacordaire en sortit également allant demander à une âme éprouvée—et de quelle épreuve! — la consolation de sa défaite.

Tout en étant communicatif, il n'informait ni ses amis, ni sa mère des distinctions dont il était l'objet. Depuis quelques années,—dès son entrée dans la maison d'Issy,— un homme dont le deuil émut tous les cœurs l'avait pris en gré, c'était le duc de Rohan, prince de Léon. Ce grand seigneur, arrivé au sacerdoce sur les ailes de la douleur, ouvrit les bras à celui qui y vint sur les ailes de la jeunesse, d'une vocation singulière, mais admirable et avant tout sincère.

Ce noble et beau jeune homme élégant, spirituel, aux yeux pleins de feu, le séduisit tout d'abord, car le côté humain reste en nous, quoi qu'on veuille. Mais combien davantage il intéressa l'abbé de Rohan par ses qualités exquises, sa belle intelligence, son âme droite et pure, la vaillance de sa foi ! Ce fut donc par de brillants et touchants attraits que Lacordaire entra dans ce cœur profondément creusé par la douleur.

De temps en temps le prince de Rohan venait le chercher et l'emmenait à son château de la Roche-Guyon. Le faste de cette habitation laissait Lacordaire absolument insensible, car nul moins que lui fut accessible à la vanité. On le sait, l'éclat, la fortune, les honneurs ne devaient pendant sa vie entière ni le troubler, ni l'éblouir.

Il se plaçait plus haut, étant, selon la parole de Bossuet, sorti du siècle pour trouver Celui qui seul demeure.

Désintéressé des choses finissables, les seules questions d'âme et d'intelligence le passionnaient : l'idéale grandeur de la vertu le transportait d'admiration, et devant la douleur, si souvent une vertu, Lacordaire s'inclinait comme devant la vérité elle-même. Ainsi s'expliquent ses tressaillements au récit du drame poignant qui, des sommets de la félicité terrestre, fit tomber le prince de Rohan aux pieds du Dieu qui frappe et qui console. Dès ce moment, Lacordaire lui voua une de ces affections très nobles qui honore autant celui qui l'inspire que celui qui l'éprouve.

Lacordaire à Ladey, à Billy, près Chanceaux
(Côte-d'Or)

« La Roche-Guyon, 22 septembre 1826.

« Mon cher ami,

« Je suis depuis deux jours chez le duc de Rohan, dans un château bâti sur les bords de la Seine, au pied d'un roc couronné par une vieille tour en ruines. Les jardins, les appartements, les curiosités, la vue, les souvenirs, tout cela est magnifique. La chapelle est creusée tout entière dans le roc et les corridors qui y mènent sont d'un goût exquis, et ne donnent qu'un demi-jour rose et bleu qui est plein de grâce et de mystère. Que te dire d'un pré qui s'étend et qui est bordé d'une longue et magnifique allée de peupliers de France rangés sur plusieurs lignes ?

« Hier, nous sommes allés à Rosny, qui est à deux lieues de la Roche-Guyon. Le château et les jardins n'ont rien de grand et de magnifique. Mais les appartements sont décorés avec une richesse de détails inconcevable, qu'on ne trouve ni à Saint-Cloud, ni aux Tuileries. La chapelle, où repose le cœur du duc de Berry, est d'un goût simple et noble ; elle est précédée d'une cour formée par des arcades.

« Il y a maintenant au château un Américain du nom de Washington, qui arrive de Grèce, où il s'est battu pour elle et qui va abjurer demain soir le protestantisme dans la chapelle, en présence de Mgr l'évêque de Strasbourg, précepteur du duc de Bordeaux, et d'une nombreuse assemblée. C'est un jeune homme d'environ 26 ans, grand, l'œil hardi, la figure noble, portant encore des moustaches qui ajoutent à l'air fier de sa physionomie.

« Que les destinées sont quelquefois étranges et que la grâce de Dieu pousse l'homme par des voies qu'il ne soupçonne guères ! Un jeune homme quitte l'Amérique au bruit des coups de cimeterre qui se donnent en Grèce ; il accourt dans l'Archipel et met sa part dans la liberté de ce pays. Arrivé en France, il porte encore le costume grec qui vient de l'honorer et quelques circonstances imprévues l'amènent dans un château éloigné où, pour la première fois de sa vie, il examine les choses du salut éternel et avoue qu'il n'a rien connu jusque-là. Lui, qui a déjà fait tant de pas sur la terre pour trouver le repos et le bonheur, tombe sur ce passage des Confessions de saint Augustin : *Domine fecisti nos ad te et irrequietum est cor nostrum, donec requiescat in te*, et il sent que tout cela est vrai et il commence à comprendre le secret de la vie.

« J'ai reçu une lettre de Lorain, qui est fort content de toi. Je te recommande beaucoup, mais beaucoup d'égalité et de confiance. Les premiers moments d'une réconciliation ont toujours quelque chose d'embarrassant, et il faut s'y montrer très simple, très uni. Je te félicite, parce que cela importait à ton bonheur, à celui de nous tous et que la perte d'un ami, qui est le plus grand des maux, est la plus grande des folies quand elle est volontaire.

« Présente mes respects à ton père, mon ami. Adieu, tout à toi.

« Henri Lacordaire. »

Prosper Lorain à Boissard

« Chazoux, 2 septembre 1826.

« Malgré mes ennuis et mes inquiétudes d'avenir, les derniers jours que j'ai passés à Dijon m'ont été bien doux. Depuis mon arrivée ici j'ai reçu deux lettres de Ladey.

« Tu sais déjà que le concours s'ouvre à Paris le 1er mars prochain, pour quatre suppléances : deux de Dijon, une de Poitiers, une de Paris. Je n'espère rien, mais j'irai me présenter, ne fût-ce que pour pressentir mes forces.

« Ton ami,

« Prosper. »

Lacordaire à Ladey

« Paris, 21 octobre 1826.

« Tandis que je t'écrivais de la Roche-Guyon, mon cher Victor, j'écrivais aussi à un vieil ami que j'avais de par le monde et que je cherchais depuis bien longtemps sans pouvoir le rencontrer. Tu te rappelles M. Delahaye, qui m'avait toujours chez lui, qui me faisait expliquer Virgile, qui nous donnait des leçons de déclamation lorsque nous devions représenter Agamemnon et Achille, en habits de gardes-nationaux avec des épées d'anciens marquis. Eh bien ! je sais où il est. Après onze ans d'absence, huit ans d'un silence profond ne l'avaient point effacé de ma pensée et j'espérais toujours de lui prouver quelle reconnaissance j'avais conservée pour le maître si bon, et l'ami si aimable de mon enfance.

« Il est rare d'être aimé dès le bas âge, d'une amitié sincère, par un homme que le sang n'unit pas à vous et qui n'y est attiré ni par l'intérêt, ni par l'espérance, ni par des qualités qui se montrent à peine et qui ne peuvent encore séduire. J'ai eu ce bonheur et je crois que

M. Delahaye m'a rendu de grands et véritables services, et qu'il a influé sur tout mon avenir.

« M. Delahaye m'a donné l'habitude du travail, le goût des lettres, le sentiment précoce de mes forces. Il m'a fait croire que j'étais un homme pour que je le devinsse un jour. J'ai conservé sa correspondance, et il est touchant de voir la manière douce, simple, encourageante avec laquelle un jeune homme de plus de vingt ans s'entretenait alors avec un enfant indocile qui donnait des coups de pied à ses maîtres et qui était quelquefois le premier dans ses compositions. Notre silence ensuite dura jusqu'à la fin du mois d'août. Je lui écrivis du séminaire d'Issy. Il m'a répondu avec la même bonté qu'autrefois, et nous avons renoué notre liaison. Il vient d'être nommé président du tribunal de Neufchâtel-en-Bray.

« Je suis bien content que tu veuilles lire saint Augustin. Son histoire, comme tu le dis, est l'histoire de tous les cœurs élevés qui ont été et qui sont en doute sur les croyances que Dieu exige de l'homme.

Il vient tôt ou tard un moment où il faut qu'une doctrine règne dans notre âme, et l'indifférence est un mal inconnu à tout esprit qui a de la force. Plus on avance, plus on rit de la vie, moins on comprend la cause de ces années qui s'en vont les unes et les autres sans qu'il en reste rien de solide. Assiste-t-on à une comédie ? Y a-t-il quelque chose de sérieux dans tout cela ? On ne sait rien. Tout est vague, incertain. Les philosophes et leurs systèmes se contredisent, depuis le commencement de la philosophie ; on regarde, on écoute, on ne voit dans le monde qu'un point de repos.

« Voilà Talma mort ! Que de fois il a paru sur la scène au bruit de mille applaudissements! Un archevêque se présente plusieurs fois à son lit de mort pour le prier de jeter un regard sur l'éternité, pour lui demander une larme, pour la lui demander à genoux. Il est repoussé. On ne lui laisse pas voir un homme qui meurt dans le doute, parce que tout incrédule meurt dans le doute.

« Adieu, mon ami, tout à toi,

« Henri Lacordaire. »

Au commencement de 1827, à la veille de recevoir le sacrement de l'Ordre, Lacordaire sentit s'éveiller en lui le désir de se vouer à Dieu par un don plus parfait, et voulut entrer au noviciat des Pères jésuites, à Montrouge.

Ce projet, formé dans le secret, demandait de la réflexion, l'assistance d'un ami non moins prudent que dévoué. L'abbé de Rohan, après la confidence de Lacordaire, en informa ses directeurs et le supérieur de la Compagnie de Jésus. Saint-Sulpice refusa. Sans se plaindre, Lacordaire attendit dans l'obéissance et la prière le jour de son ordination. Ni ses amis, ni sa mère ne connurent ses desseins et ses regrets; aucun d'eux ne l'eût compris et approuvé.

Lacordaire à Ed. Boissard, à Dijon

« Paris, 1er janvier 1827.

« Voici mes premières lignes de 1827, mon cher Edmond, et presque mes premières pensées. Je dis presque, car nous autres chrétiens nous commençons toujours par Dieu. Je te souhaite donc une bonne et excellente année, une année où tu aies à défendre beaucoup de ces gens qui ont la monomanie de couper le cou à leur femme avec une serpe. Je souhaite que ton esprit continue à s'enrichir et ton cœur à nous aimer quoique nous soyons loin. J'imagine que tu es toujours dans ce donjon, où nous avions des disputes si aimables sur la science pacifique du droit. Pour moi, je ne suis pas si stable dans l'affection que je porte à mon petit domicile, car je vais de trou en trou avec une infatigable satisfaction. Ma chambre s'élargit de deux ou trois pieds, je ne dis pas carrés, tous les ans. Car, à mesure qu'on devient une antiquité au séminaire et qu'on commence à faire partie des traditions ecclésiastiques, on vous respecte davantage et ce respect comporte un logement proportionné à la personne en question.

« Mais ne plaisantons plus. Je suis sous-diacre

mon ami, et lié pour jamais aux yeux du monde, comme aux yeux de Dieu. Il fut un temps où tu t'en serais réjoui avec moi et où nous aurions apporté les mêmes offrandes aux mêmes autels, mais tu t'es jeté dans d'autres routes. Nous avons fait comme ces anciens chevaliers qui, allant à la rencontre d'une grande aventure, marchaient ensemble jusqu'à ce qu'ils arrivassent dans le carrefour de quelque forêt, et là, se disant adieu, prenaient chacun des chemins divers. Destinés tous ensemble à tenter la grande aventure de la vie, nous nous sommes rencontrés un jour, nous avons ôté nos gants pour nous donner la main, nous avons levé la visière de nos casques pour nous voir. Nous avons parlé avec une sorte d'ardeur et de tristesse de Jérusalem et de la croisade, et ensuite, au lieu de nous dire : Dieu le veut ! nous avons dit : que veut Dieu ? et nous nous sommes séparés. L'éternité sait le reste.

« Nous attendons Lorain, nous deux Ladey, avec une impatience qui égale sa longanimité. Je ne sais sur quelle diligence il s'est mis. Pour peu que cela dure, c'est tout au plus s'il nous arrivera en cheveux blancs. Quel homme ! Quel homme ! Adieu, compte toujours sur mon attachement.

« H. Lacordaire. »

Prosper Lorain à Ed. Boissard.

« Paris, 7 janvier 1827.

« Bonjour, mon ami Edmond, me voilà dans le grand désert dont je ne puis encore rien te dire, car je n'ai rien vu que la dame Blanche...

« Tu sais que nous sommes trente docteurs inscrits. Nous avons pour adversaires tous les plus redoutables candidats de Paris : Marie, Pellat, Royer-Collard. Le concours ne finira donc pas avant le mois de juillet. M. Bugnet (1) m'a bien reçu, mais je ne crois pas, malgré les bonnes intentions de Ladey, qu'il fasse rien pour moi à moins que je ne sois le plus fort au concours.

« Je n'ai encore vu presque personne, si j'excepte Lacordaire et Ladey. Ladey et moi voulions le mener au spectacle. Je lui ai prédit un nouveau concile sur ce point de discipline ecclésiastique et il riait comme un fou. Il est toujours bien maigre et m'a paru geler et grelotter dans son séminaire comme nous dans nos parloirs en plein vent.

« Adieu, mon bon ami.

« Prosper. »

(1) Professeur de droit à Paris, ami de la famille Ladey.

Au concours de Paris, juillet 1827, Lorain et Ladey furent nommés professeurs suppléants à la faculté de droit de Dijon. En même temps que Boitard créait à Paris l'enseignement du droit criminel, Ladey le créait à Dijon.

Lacordaire à Ladey (1)

« Paris, 14 août 1827.

« Je me souviens, mon cher ami, de t'avoir entendu dire plusieurs fois que tu comprenais bien de quelle importance il était d'étudier sérieusement la religion, mais que, distrait par des travaux nécessaires à ton existence, tu devrais attendre une époque plus libre et plus heureuse. La Providence vient de te la donner et à vingt-cinq ans, sans qu'il t'en ait coûté beaucoup de peine, tu te vois quitte des ennuis souvent amers que donne aux jeunes gens l'incertitude de leur sort. Tu ne seras donc pas surpris que je vienne te rappeler, sinon ta promesse, du moins tes anciens désirs.

« A ne considérer la chose qu'humainement, mon cher ami, peu m'importe que tu sois chrétien ou sceptique. Il ne m'en reviendra rien ici-bas. Notre amitié n'est attachée à la profession d'aucun culte, elle est née dans les déserts de l'irréligion, quand nous regardions le ciel avec les mêmes yeux. Son origine établit entre nous des points de contact qui ne peuvent

(1) Donnée par M. Ladey à M. Foisset pour le recueil des lettres à des jeunes gens, par M. l'abbé Pereyre.

s'effacer. Si donc, en matière de croyances religieuses, l'erreur volontaire n'avait aucune suite, je me soucierais peu de t'engager à un examen qui n'aurait pour but que la perfection de ton esprit.

« Mais s'il est une religion véritable, c'est-à-dire venue de Dieu, il est clair qu'il sera demandé compte de leur mépris à ceux qui l'auront volontairement rejetée et qui n'en pourront dire la raison. — Sommes-nous donc aveugles, disaient les Pharisiens à Jésus-Christ qui les accusait de leur incrédulité ? — Si vous étiez aveugles, répondait-il, vous seriez sans péché. Mais vous dites : nous voyons et c'est pourquoi votre péché demeure. Ainsi, quiconque aura pu voir et aura fermé les yeux, son péché demeurera. Supposé donc qu'il y ait une vraie religion dans le monde, ce qui est au moins possible, il n'y aura que deux réponses qui sauveront devant Dieu : *J'ai vu, je n'ai pu voir.* Tout homme qui n'est pas sûr de l'une ou de l'autre de ces réponses se jette évidemment la tête baissée dans le précipice, à moins qu'il ne soit sûr que la religion est impossible. Et comment en serait-il sûr? Ce sera une triste défense que celle-ci : Seigneur, je ne suis pas entré dans la défense de la religion, parce que j'étais persuadé qu'aucune n'était digne de vous. La moindre chose qu'on doive à tant d'hommes qui l'ont crue vraie c'est de la croire possible, car autrement ils auraient cru une chose nécessairement fausse, une chose qui n'était pas même possiblement vraie. Et cela est-il croyable? Il ne reste donc, pour le jour du jugement, que deux réponses de salut : *J'ai vu, je n'ai pu voir.* Jusqu'ici tu ne peux donner la première. Pourrais-tu donner la seconde? Pourras-tu la donner dans quelques années? Et Dieu, mettant d'une part dans la balance l'esprit, le temps, le repos qu'il t'a répartis, que mettras-tu pour contre-balancer ce poids? La religion, dis-tu, devrait-elle s'étudier ainsi? Est-ce donc une affaire de livres, de cabinet?

« Je ne vois pas pourquoi il serait indigne de Dieu de vouloir que chacun arrivât à la connaissance de la vérité par des moyens proportionnés au développement de ses forces morales, en sorte que l'arbre de vie, placé pour tous à des hauteurs différentes, fût d'autant moins éloigné que la main qui devrait l'atteindre serait plus courte. Ce plan serait digne de la bonté divine et digne aussi de sa justice. Qu'importe à Dieu et à nous que les générations s'avancent à sa rencontre par le même chemin ou par des routes diverses? L'ordre est partout où il y a de l'accord entre le but et les moyens, quelque diversifiés que soient ceux-ci.

« Néanmoins, j'avoue que les livres et le études profondes n'entraient pas dans les plans primitifs de la Providence et que la force d'une tradition générale et non combattue était la voie que Dieu avait choisie. Mais prends garde que la liberté de l'homme lui donne le pouvoir de troubler les conceptions éternelles et que rien peut-être de ce qui se fait aujourd'hui dans le monde ne devait se faire comme il se fait. Dieu, par exemple, avait créé l'homme pour vivre en société, et c'est pourquoi il avait créé l'individu faible et la société toute-puissante. Un homme s'est séparé de ses semblables et est allé demander aux forêts d'un autre monde les douceurs de la vie. Aura-t-il le droit, aux jours de sa vieillesse, d'accuser le créateur des maux qu'il endure et dont il ne peut demander le remède à sa solitude? Voilà ce que font les incrédules, ils ont bouleversé les voies communes de la Providence dans l'enseignement des peuples, ils ont élevé chaire contre chaire, ils ont assemblé des nuages contre le soleil et leurs enfants se plaignent à Dieu de ne plus le voir.

« Tout ouvrage où l'homme a mis ses mains n'est plus l'ouvrage de Dieu seul; le monde moral est comme l'airain de Corinthe où l'or et l'argent avaient été mêlés par l'incendie à de vils métaux. Vouloir donc prendre acte contre Dieu de tout ce qui est dans la religion, c'est une injustice et une erreur. Au dernier jour, nous verrons le plan de la Providence, et, le comparant avec ce qui s'est fait, nous justifierons Dieu par la honte que nous aurons d'avoir substitué à sa volonté et à ses vues nos misérables inventions. Né il y a trois siècles, avec le même esprit et la même position, tu serais chrétien et chrétien éclairé ; tu ne l'es pas aujourd'hui parce qu'on a travaillé trois cents ans à ton incrédulité. Est-ce la faute de Dieu? Mais, dis-tu, ce n'est pas la mienne. Non, si tu as profité des grâces que Dieu t'a faites; non, si tu emploies les moyens que Dieu t'a laissés pour réparer les fautes de tes ancêtres. Il en est un qu'il faut joindre à l'étude, car l'étude convertit rarement, et La Harpe l'avouait dans un discours sur les psaumes, où il rendait compte, en passant, des nouvelles impressions que produisait en lui la lecture des livres saints. Il montre combien les impressions sont différentes lorsqu'on étudie comme homme de lettres et par curiosité, ou lorsqu'on le fait avec un désir sincère de connaître la vérité. On ne trouve que ce qu'on désire parce qu'on ne chercher que ce qu'on désire. Fénelon et Voltaire étaient deux hommes de beaucoup d'esprit. Le premier pleurait et admirait en lisant les écritures, l'autre n'y voyait que des plaisanteries. Je te le dirai avec la franchise chrétienne, il n'y a que la prière qui puisse préparer le cœur à la foi. Et pourquoi rougirais-tu d'implorer celui dont tu reconnais la toute-puissance et les lumières infinies ?

« Je t'ai vu quelquefois le désir de rendre à Dieu un culte à ta manière, et pourquoi ne pas lui dire : Seigneur, je suis né en des temps où la vérité est devenue incertaine par les combats qui l'ont mutilée ; de grandes questions s'agitent autour de moi, sans que je puisse savoir de quel parti est le mensonge ; je ne vois qu'obscurité, dissensions, doute. Inspirez-moi ce qu'il faut faire, donnez-moi le désir de vous connaître.

« Mon ami, celui qui priera et qui cherchera ne périra point. Quand Dieu prévit tout ce qui se ferait contre son Christ et les ténèbres que l'impiété parviendrait à élever entre lui et les hommes, il leur laissa la prière pour sauvegarde, comme les hommes d'avant le déluge gravèrent sur des colonnes l'abrégé des sciences humaines afin d'arracher à la fureur des eaux les résultats de la première civilisation. Tant qu'on pourra prier sur la terre, on pourra se sauver, et tout homme qui n'aura pas prié sera sans excuse au tribunal de Dieu, parce que tout homme connaît Dieu et que quiconque le connaît est inconséquent et injuste s'il ne le prie pas. Les conversions n'ont lieu que par la prière et cela prouve la divinité de la religion.

« Je te conseillerais deux choses : premièrement de lire l'Écriture sainte en commençant par la Genèse, et de suite. En second lieu, de mettre par écrit brièvement les difficultés que tu as dans l'esprit contre le christianisme afin d'y réfléchir. Si tu veux me les communiquer, non en masse, mais une à une, j'y répondrai le mieux que je pourrai. Je puis t'écrire une lettre de ce genre tous les quinze jours. Garde-moi le secret ; la vérité est une œuvre de silence et de réflexion, les disputes n'apprennent rien...

« Écris-moi le plus tôt que tu pourras et donne-moi des nouvelles de ta santé. Adieu. Je suis toujours ton ami tout dévoué...

« Henri Lacordaire. »

Lacordaire à Ladey, Dijon

« Issy, 13 septembre 1827.

« Dans dix jours je serai prêtre, mon cher ami. Je dois être ordonné le 22 du mois. Ma sortie du séminaire ne tardera pas, mais j'ignore ma destination. Mgr l'archevêque (Mgr de Quélen), que j'ai vu il n'y a pas longtemps, m'a demandé quelles étaient mes vues et mes désirs pour mon ministère, et je l'ai prié de disposer de moi comme il l'entendrait.

« Les trois ans qui viennent de s'écouler m'ont été très profitables et je n'en regrette pas un seul jour. Maintenant je comprends la religion, je puis travailler pour elle et suivre un plan d'études qui accroîtra sans cesse mes forces. Je veux encore travailler longtemps avant de trop me produire, parce que c'est une persuasion intime en moi que le temps est plus nécessaire à la maturité de l'esprit et de ses conceptions qu'à toutes les œuvres qui se font sous le soleil. On ne regrette jamais d'avoir attendu. De plus, il est convenable de ne pas se charger trop jeune de l'enseignement solennel du peuple et d'acquérir le droit d'annoncer aux hommes de toutes les conditions le Dieu inconnu que nous cherchons tous ici-bas, quelles que soient nos opinions. J'ai toujours eu peu d'estime pour ces abbés d'autrefois qui arrivaient dans la capitale avec de l'esprit et qui se précipitaient dans toutes les chaires pour y solliciter la renommée.

« Je n'ai jamais entendu la religion ainsi, ni la gloire non plus. Puissé-je être comme je désire être !

« Ma mère viendra me rejoindre dans le mois d'octobre et ce sera pour moi une grande consolation comme un grand secours. Jamais je n'ai été propre à mener une maison, quelque petite qu'elle fût, et la présence de ma mère m'ôtera tout souci de ménage. Enfin, je suis content et tranquille.

« Adieu, ton ami,

« Henri Lacordaire. »

TROISIÈME PARTIE

SACERDOCE

> « Ce que j'ai voulu est
> fait, je suis prêtre. »

I

Lacordaire à Ladey

« Paris, 13 novembre 1827.

« J'ai eu une grande tentation de t'écrire, mon cher ami, un jour que je visitais les ruines du château de Chinon, ces tours, ces ponts, ces pans de murs, ces larges cheminées où causaient Charles VII et Agnès Sorel, ce sentier escarpé par où vint la jeune fille de Vaucouleurs, dire au roi de France qu'elle le devait conduire à Orléans. Moi qui ne sais pas m'arrêter devant des pierres et devant quoi que ce soit, et que l'imagination sert moins mal que les yeux, je t'ai beaucoup désiré dans ce pays où la cour de France a orné de ruines, de châteaux et de souvenirs des collines qui n'avaient pas besoin de ces magnificences périssables, et à qui la Loire, la Vienne, l'Indre assuraient une durable beauté.

« J'aurais voulu gravir avec toi les coteaux de Saumur et monter sur les moulins à vent qui s'égalent au château fort dont cette ville est couronnée. Nous eussions été poser le genou dans l'église toute moderne dédiée à N.-Dame de la Providence et qui, resserrée entre la Loire et les rochers, se plaint de l'inimitié sourde du fleuve par d'horribles crevasses dont elle est sillonnée de haut en bas, témoignage d'une vétusté anticipée qui va bien avec les étranges images que la piété y vénère.

« Tu aurais admiré les bâtiments superbes de l'école de cavalerie et tu serais convenu qu'il est peu d'aussi jolies petites villes que Saumur.

« C'est là que j'ai borné mes courses. J'ai habité quinze jours aux environs de Chinon, tout près de la Loire, et encore plus de l'amitié. Je suis de retour à Paris depuis le dernier jour d'octobre. Le lendemain, ma mère est venue me joindre et nous habitons ensemble rue Cassette, n° 22. Je suis attaché à l'église Saint-Sulpice.

« Adieu, mon cher ami, je t'aime et je t'embrasse de tout mon cœur.

« H. Lacordaire. »

Lacordaire à Ladey, Dijon

« Paris, 5 janvier 1828.

« Tu me demandes, mon cher ami, quel est mon emploi à Saint-Sulpice. Jamais emploi n'a si fort ressemblé au néant que le mien. Ce n'est point une figure que j'emploie, c'est la plus rigoureuse expression de la réalité où je vis. Ma place était marquée en effet à l'église Saint-Sulpice, mais je crois que le démon de la longueur s'est mis dans la tête d'entraver mes affaires et jamais je n'ai pu arriver à mettre un pied dans mes fonctions. Je vis donc comme un grand seigneur, au coin de mon feu et près de ma mère, lisant l'écriture sainte, l'imitation, les livres de philosophie, composant quelques sermons et écrivant à mes bons amis. C'est une grande difficulté, mon cher Ladey, de savoir à quoi Dieu nous appelle, pour nous surtout qui sommes les intruments visibles de ses opérations les plus chères. Il est mille manières d'annoncer l'évangile, depuis celle de Bossuet jusqu'à celle du plus obscur vicaire de campagne ; depuis saint Vincent de Paul jusqu'au docteur environné d'in-folios, depuis la charité jusqu'au génie.

« A quel rang Dieu veut-il que vous combattiez? Quelle part vous a-t-il assignée dans la victoire? Voilà ce que l'homme de bien, le vrai serviteur de Jésus-Christ, se demande à lui-même et la question d'où sa vie dépend. Or, elle est bien difficile à résoudre; la nécessité, l'obéissance, l'inspiration des événements ne suffisent pas toujours pour vous guider. Après plus de trois mois d'attente, on a changé de dessein sur moi ; on vient de m'attacher à un collège royal pour y concourir, avec les aumôniers, à l'instruction des jeunes gens. Ce travail me laisserait chez moi avec des loisirs qui, sans doute, ne seraient pas perdus pour le service de l'Église.

« Ma mère est fort tranquille ; elle se plaît avec moi et ne paraît point regretter le temps où elle vivait plus près de ses habitudes, mais plus loin de ses enfants. Nos caractères s'allient bien et nous sommes tous deux très contents.

« Toi, mon cher ami, arrivé à une position indépendante et désormais affranchi du plus cruel de tous les soins, celui d'acquérir une situation, tu devrais connaître mieux la paix qu'autrefois? Mais le malheur entre par tous les pores de l'homme. Il a beau regarder le ciel avec le désir de le voir pur, le vent y ramène des nuages au moment où il croyait l'horizon sans tache...

« Je ne parle pas de l'exposition de tableaux ni du musée Charles-X. Je deviens Scythe et barbare, quoiqu'il n'y ait plus de Scythe en Jésus-Christ. Ces choses m'intéressent peu et la foule m'attriste. Je ne vois pas deux âmes par jour.

« Adieu, mon cher ami, je te souhaite une bonne santé et t'embrasse tendrement.

« Henri Lacordaire. »

Toujours rue Cassette, 22.

Lacordaire à Ladey

« Paris, 12 février 1828.

« Tu ne sais pas trop, mon cher ami, ce que je fais en ce monde, et il y a peu de temps que je le sais moi-même, je t'assure. Mon sort est fixé depuis un mois : Je suis chapelain dans un couvent de la Visitation. Ce couvent est situé dans un lieu solitaire, près du jardin des Plantes ; nous y demeurons, ma mère et moi. Mes fonctions se bornent à célébrer la messe tous les matins et à faire un catéchisme à de jeunes pensionnaires de la maison, tous les dimanches. Le reste de mon temps m'appartient et je l'emploie de mon mieux, sortant peu, ne voyant personne, vivant en paix jusqu'à ce que mon jour soit venu et que je puisse faire un peu de bien.

« Je me promène souvent au jardin des Plantes et je me promets une grande joie de voir pousser au printemps cette multitude de plantes disposées avec tant de variété et cultivées avec tant de soin. L'aspect des plantes utiles m'a toujours été plus flatteur que celui de ces mille brinborions fleuris dont nous remplissons nos jardins. Le potager est mon parterre. Nous avons, à nous, un petit jardin qui dépend de notre appartement. Il n'y manque que le soleil pour qu'il puisse y venir quelque chose. C'est commencer par peu de chose. J'espère que le jardin grandira avec les années et qu'à la fin le soleil y pourra venir.

« Écris-moi un peu, mon bon ami, car je suis sans nouvelles de vous. J'ignore ta santé, tes affaires et il me serait doux de savoir où tout cela en est.

« Fais mes amitiés à Lorain, dis-lui ma place et ma demeure, rue neuve Saint-Étienne, n° 6 *bis*, à la Visitation.

« Adieu, mon bon ami, je t'aime toujours et te le dis parce que la vérité est toujours aimable.

« Henri. »

Lacordaire à Ladey

« Paris, 18 avril 1828.

« A la fin de l'année dernière, mon cher ami, il y a eu quelques hésitations pour savoir ce que l'on ferait de moi. J'ai été successivement destiné à diverses places que je n'ai pas remplies, et enfin, à ma grande joie, je suis tombé sur ce que je n'espérais pas, que je n'avais pas demandé, mais qui avait toujours été dans mes vœux secrets. L'administration ecclésiastique ne t'est point connue et tu ne pourrais juger de ce qu'elle pouvait faire ou ne pas faire.

« A Paris, sauf les sinécures d'aumôniers de cour, il n'existe pas un seul emploi à donner à un jeune homme qui veut travailler et qui en a quelque droit. Les autres fonctions sont de trois sortes : celles de curé, de vicaire et de sous-vicaire. On ne peut être curé dans une grande ville comme celle-ci avant d'avoir atteint un âge que je n'ai pas. Il en est de même des places de vicaire qui sont importantes. Les dernières absorbent un temps considérable et ôtent l'espérance d'avoir à soi deux heures par jour.

« J'étais prêt à commencer par là néanmoins, et je ne voulais rien demander, car une de mes maximes de conduite est d'avoir beaucoup d'inhabileté. J'aime mieux laisser faire la Providence qui m'a toujours admirablement servi. L'homme ne voit pas où il va, il a un bandeau qui lui cache son chemin : les habiles veulent tricher à ce colin-maillard de la destinée et ils ne font que se mieux casser la tête contre la muraille. Ceci n'est point du fatalisme. Le fatalisme serait d'aller devant soi sans étendre les mains pour s'assurer qu'on ne tombera pas dans quelque piège. Mais celui qui observe les règles de la prudence et qui, du reste, s'abandonne au gouvernement invisible de Dieu, ne fait qu'être raisonnable.

« Tout ce qui dépend de moi, comme l'étude, la composition, je le fais ; tout ce qui est hors de moi, je ne m'en mêle pas. Quand il ne faut plus *qu'un acte de ma volonté*, mon pouvoir d'homme cesse, celui de Dieu commence. Être inhabile, voilà ma première maxime de morale, de piété et de bonheur ; elle m'a toujours réussi.

> Dieu laissa-t-il jamais ses enfants au besoin ?
> Aux petits des oiseaux il donne la pâture...

« Il m'a toujours donné la mienne avec une rare bienveillance et maintenant je le bénis tous les jours de ma vie. Je me lève à cinq heures et me couche à neuf du soir ; je ne sors qu'entre mon déjeuner et mon dîner ; je ne vois personne, personne ne vient me voir. La paix, le travail, la religion, un rayon de soleil, la visite rare de quelque ami, le mépris de ce que la plupart recherchent, voilà de quoi je vis. Plût à Dieu que j'eusse devant moi dix années semblables ! Je me laisse aller au souffle de la volonté divine, elle me ballottera bien avant que la paix sorte de mon âme. Ces quatre mois seront de longue mémoire en ma vie, car j'y ai fixé ma route. Le destin peut me prendre ; la feuille, quelque part qu'elle tombe, y verdira. Donc, mon bon ami, sois tranquille, ne me faites point une carrière, la mienne trompera tous vos rêves et nos pensées ne se rencontreront que pour nous aimer.

« Adieu. Fais mes amitiés à Lorain, rappelle-moi au souvenir du substitut de Vassy (1). Puisse ton âme prendre terre !

« Henri Lacordaire. »

(1) Edmond Boissard, nommé substitut en 1827.

Lacordaire à Ladey

« Paris, 5 juillet 1828.

« Le 15 juillet prochain, mon cher ami, je partirai de Paris pour la Suisse où je vais passer six semaines pour affermir ma santé un peu affaiblie des travaux de plusieurs années. Je m'arrêterai à Dijon deux ou trois jours et j'espère avoir le bonheur de t'y embrasser et de t'y développer mon plan de campagne. Si tu pouvais obtenir un congé et venir avec moi, ne fût-ce que quinze jours ou trois semaines, tu doublerais mon plaisir. Je n'ai pu attendre tes vacances, à mon grand regret.

« Mon bon ami, ce m'est une grande joie de songer à notre réunion de quelques jours, et je te prie de l'accroître en tâchant de venir avec moi.

« La première communion de nos enfants qui se prépare m'empêche de t'entretenir plus longtemps. Adieu.

« Henri. »

V. Ladey à Edmond Boissard, à Vassy

« Dijon, 12 juillet 1828.

« Lacordaire a passé ici jeudi, allant en Suisse, où, dit-il, sa santé l'appelle. Il m'engage à y aller avec lui et proteste qu'il n'a pu retarder son voyage. Le drôle d'homme ! Comme s'il ne savait pas à merveille que ce temps-ci, date des sessions d'examens, est le seul où je ne puisse quitter Dijon.

« L. V. »

P. Lorain à V. Ladey, à Luxeuil

« Août 1828.

« Je te renvoie au hasard la lettre de Lacordaire, elle était à mon adresse, j'ai cru pouvoir la décacheter, et le timbre d'Urseren m'a épouvanté. — Urseren est de l'autre côté du Saint-Gothard, et j'ai cru que l'abbé nous manquait de parole et ne nous attendait plus. — Il fait bon temps, — Lacordaire nous presse ; sois à Besançon le 21, si tu veux être gentil. Le reste est dans nos jambes, dans nos têtes, dans notre bourse... Viens à Besançon.

« Prosper. »

Lacordaire à Victor Ladey

« Fluelen, 5 août 1828.

« Je veux te rendre compte, mon cher Victor, pour ton plaisir et pour le mien, d'une excursion que je n'ai pas achevée, mais dont le commencement ne laisse pas d'être curieux. Le 1ᵉʳ août, je partis d'Untersee pour l'abbaye d'Engelberg, d'où je voulais aller à Altorf, au Saint-Gothard, et revenir par le Grimsel. Je couchai le premier jour à Meyringen, dans la vallée d'Hasly; le lendemain, je pars à pied, sans guide, selon ma coutume, et cela par un chemin non tracé parce que le grand chemin m'obligeait à un détour considérable. J'enfile une vallée où je trouve une route superbe qui me réjouit fort, et dont la continuité commence à m'inquiéter, vu que je ne devais pas suivre de route, mais je ne voyais aucune issue pour en sortir. Je demandais aux paysans que je rencontrais : Engelberg ? Engelberg ? et ils me montraient tous le bout de la vallée. J'approche de ce bout, il est tout chargé d'un glacier considérable. Alors j'advise, au milieu des champs, un homme vêtu de noir ; il vient à moi, me salue en bon français et m'apprend, dans le même français, que j'ai manqué mon chemin à plus de deux lieues en arrière, qu'il me faut traverser le glacier pour arriver le même jour à Engelberg, ou passer la montagne avec un guide et coucher dans une vallée parallèle à celle où nous étions. Je prends ce dernier parti et j'apprends dans la conversation que j'ai affaire au ministre protestant du lieu. Après avoir avalé un verre d'eau sucrée et serré la main du ministre, je pars et j'arrive, en deux heures de la plus fatigante montée ; au sommet, j'aperçois la plus dénuée vallée qui soit jamais sortie de la main du créateur. Il était six heures du soir. Mon guide devait me mener à un chalet destiné aux voyageurs. Il me montre de loin une baraque ; je le paie et je vais à la baraque où je ne trouve que du fumier et des brebis à la porte. J'avais faim, c'était un jour maigre, et je n'avais mangé que le matin, à Meyringen, sauf depuis un petit morceau de pain et de fromage.

« Je réfléchissais à cette belle fin, lorsque j'entends de la montagne une voix qui m'appelle à plusieurs reprises. C'était un homme qui venait de mon côté ; je l'attends, il me fait signe de le suivre à son chalet, me baragouine qu'il y a encore trois lieues de là à Engelberg. J'entre au chalet, je m'assieds. Les vaches, les moutons, les enfants, les bergers, le lait arrivent. On se range autour du feu. Mon hôte tire un large morceau de fromage, le présente à la flamme, coupe la superficie grillée et me l'offre gracieusement ; refus de ma part. Alors il tire un vieux morceau de pain noir que j'accepte avec du lait chaud. Je songeais où je devais coucher, il m'était impossible de le voir. Enfin, mon hôte amène à lui une échelle et me fait monter sous le toit troué du chalet où se trouvaient, dans un espace haut de trois pieds, cinq ou six façons de matelas sur du foin. Je m'étends là, on jette une couverture sur moi, et je m'efforce de dormir au grognement des cochons, au bêlement des moutons et des bœufs, aux cris des enfants et à la fumée de sapin qui venait du foyer. Quand le fromage du jour fut fait, la famille vint s'entasser autour de moi. La pluie tombait et le vent soufflait pour m'achever. Je rendis grâces à Dieu d'avoir encore ce gîte chez de bonnes gens.

« Le lendemain, nous partons à six heures du matin, et après trois heures de marche, j'arrive à un superbe bâtiment. Je parcours de vastes corridors. Pas une âme, tout est ouvert. Je pousse une porte et je vois un moine de bonne mine à qui je dis : *Possum ne hic missam celebrare et hospitium recipere?*

« Le reste serait trop long. J'ai eu un dimanche fort agréable, une réception très amicale et l'honneur de dîner le soir avec le très révérend père abbé qui porte crosse et mître. J'ai eu beaucoup à me louer du couvent. Adieu, cher ami. — Hier j'ai traversé tout le lac de Lucerne. Ce soir ou demain matin, je passe le Saint-Gothard. Adieu.

« Henri LACORDAIRE. »

Prosper Lorain à Victor Ladey, à Luxeuil

« 8 août 1828.

« Je viens d'écrire à Lacordaire de nous attendre et que tu préférais entrer en Suisse par Neufchâtel. J'aime mieux que rien ne soit fixé pour notre itinéraire. Nous nous entendrons là-bas. Que nous préférions rentrer en Suisse ou en sortir, aller à Venise ou à Rome, ou en Afrique, prends toujours les lettres de recommandation de ton cousin. Moi, je vais prendre nos passeports, notre argent et des lettres de crédit que nous garderons dans notre poche si nous n'en avons pas besoin.

« Vite un mot et embrasse-moi. Marseille brûle et l'Italie aussi.

« Prosper. »

« Je dis encore à Lacordaire que je quitterai Dijon le 17, ou le 20 au plus tard, dis-moi la date que tu préfères, vite un mot et embrasse moi. »

Lacordaire à Lorain

« Untersee, 11 août 1828, 2 heures.

« Mon cher ami,

« Je reçois ta lettre à l'instant et je suis désolé de t'en avoir écrit une du Grimsel, où je t'annonçais l'impossibilité de vous attendre. L'incertitude de votre départ et le désir d'aller voir mes parents à Bussières m'avaient dicté cela. Mais si vous venez, je vous attends. Je partais demain pour Louesche par la Gemmi ; mais je renonce à cette excursion pour épargner les finances et vous attendre ici paisiblement. Ce serait une grande faveur pour moi si tu étais ici le 21. Ladey peut venir nous joindre séparément. Écris-lui ton départ et c'est tout. Je tiens au 21 parce que c'est trois jours de plus et que je n'en aurai pas trop. Je partirai droit de Genève pour Paris (1).

« Henri LACORDAIRE. »

---

(1) Cette lettre, envoyée à Ladey (Luxeuil), décida la réunion des trois amis à Untersée.

La première partie de ce voyage fut très joyeuse. Ils se retrouvaient ensemble, comme autrefois, après une longue séparation ; ils causaient sans se lasser, marchaient du matin au soir, contents, enchantés.

Un jour, dès l'aube, tous trois se dirigent vers le glacier d'où s'échappe le Rhône. Que se passa-t-il entre eux ?.. Après quelques heures de marche, Lacordaire les quitta soudain et s'en alla sans motif apparent.

Irrités, mais plus tristes encore, Lorain et Ladey quittèrent sans regret cette belle vallée désormais sans charme pour eux. Si leur amitié devait résister à cette atteinte, leur correspondance s'en ressentit.

Ladey à Lacordaire

« Dijon, juin 1829.

Les sources du Rhône.

Nous n'étions là que trois, assis, silencieux,
Sur un bloc de granit, aussi vieux que le monde,
Las de discours perdus et promenant les yeux
    Sur ces monts, ce vallon, cette onde.

Ce fut alors que lui, le premier se leva,
Le frond pâle et pourtant sourd à notre prière,
Et mesurant de l'œil le soleil qui déjà
    Touchait au tiers de sa carrière.

Il allait, sans que rien pût le faire changer,
Avant que de trouver quelqu'humaine demeure,
Seul, malade, au milieu d'un pays étranger
    Marcher jusqu'à la douzième heure.

A-t-il pu nous quitter ! — Hélas ! ô mon Prosper,
Toi, compagnon fidèle et constant du voyage,
Toi, de si chers amis peut-être le plus cher,
    Bien qu'ignoré de mon jeune âge.

Mais Lui ! il oubliera tout, jusqu'au souvenir
Si doux et si touchant de nos belles jeunesses,
Si le destin plus fort ne lui rend l'avenir
    Dont il rejette les promesses.

Ah ! de cet avenir qui n'eût été jaloux ?
Qui, plus que lui, fut né pour ce qu'il répudie,
Fut fait pour mieux goûter tout ce qui rend plus doux
    Le calice amer de la vie !

Jeune, beau, séduisant, rien que par cet œil noir
Doux et fier, tour à tour de velours ou de flamme,
Par ce front où brillaient comme dans un miroir
    Les plus divins rayons de l'âme.

Ah ! qui reçut jamais de la faveur des cieux,
Sur les cœurs subjugués plus magique influence,
Qui jamais sut porter d'un bras plus glorieux
    Le sceptre d'or de l'éloquence.

Victor LADEY. *Suisse, 1828.*

II

Lacordaire à Ladey

« Yvetot, 17 juillet 1829.

« Nous avons été bien silencieux cette année, mon cher Ladey, et la Suisse a bien refroidi nos plumes, je ne veux pas dire nos cœurs, Dieu nous en garde (1)! Me voici maintenant vers le Hâvre, et arrivé d'hier, pour y revoir mon ancien maître, M. de la Haye. Ça été pour moi un grand plaisir de retrouver un homme à qui j'ai conservé une part dans mes plus chères affections. Il est président du tribunal d'Yvetot, il ne s'est pas marié et sa mère habite avec lui. C'est le même homme perfectionné dans ce qu'il avait de mieux, la bonté et la simplicité ; solitaire, quoique très aimable, parce qu'il ne l'est pas du bout des lèvres, mais du fond du cœur et qu'il a trop à perdre

(1) Lacordaire, Ladey et Lorain avaient pendant quelques jours voyagé de compagnie en Suisse, au mois d'août 1828, comme le fait pressentir la lettre précédente. Au glacier du Rhône, à la suite d'une discussion sans doute, Lacordaire quitta brusquement ses amis.

dans le commerce de la société où il recevrait trop peu en échange de ce qu'il donnerait. Les âmes les meilleures ont cet égoïsme; elles l'ont à regret; il est trop dur de vivre avec des ombres quand on a un corps vivant, de serrer avec sincérité des mains qui seraient glacées si le ciel ne leur avait laissé assez de feu pour mentir.

« Son visage est doux, un peu triste, ses lèvres touchantes, sa physionomie n'est spirituelle que par ses lèvres. Le dernier mot de la phrase qu'il dit a toujours un accent de douceur qui indique une âme froissée des misères humaines et craignant d'ajouter une peine à toutes celles qui sont sur la terre. Il est gai pour faire plaisir aux autres et aussi parce qu'il cherche à surmonter la tristesse, effort qui date de loin et qui donne à ses mouvements de gaieté un air naturel. Nul homme ne m'a jamais paru plus doué de bonté que celui-là, plus philosophe, plus humble, plus résigné; il n'est pas chrétien, je crois; la religion n'aurait rien à faire dans ce cœur que le consoler. Hélas! que nous sommes aveugles! Cet homme-là me rendrait chrétien, rien qu'à le voir; il me dégoûterait d'un monde où il y en a si peu de semblables, et où ce qu'il y a de meilleur est si obscur et si inutile à tous. J'ai vu peu de livres chez lui : il y a sur la table un volume de Michel Montaigne et un vieux bouquin contenant les œuvres de Machiavel, un volume de Massillon et quelques livres de droit. Je note tout cela, car je n'ai rencontré personne plus digne d'être observé jusque dans les moindres choses... Nous avons possédé un tel homme dans notre enfance, nous l'avons vu moqué par des enfants de 12 ans, peu aimé des chefs, confiné dans l'enseignement des premières notions des lettres ; il nous donnait le reste de son temps avec une générosité que nul n'appréciait ; cela est une preuve de l'éducation stupide que nous donnait l'État, une autre preuve du peu que valent sur la terre les âmes dont la modestie égale le mérite.

« J'ai voué depuis longtemps à l'éducation publique et oppressive de nos temps un mépris justifié par tous mes souvenirs. Mon âme et ma pensée ne doivent rien à ma patrie qu'un sentiment de commisération pour ceux qui m'ont succédé et qui ont le malheur d'être élevés par l'État. Mais je n'oublierai jamais, si ingrat que je puisse devenir, l'excellent homme qui a jeté en moi les premières semences du bien ; je n'avais pas mérité du ciel un si grand bienfait, et avant-hier je n'en connaissais pas encore tout le prix.

« Je serai de retour à Paris le 25 juillet. Tu sais quelle y est ma position. J'en suis content et une longue obscurité m'est nécessaire pour être utile à la religion. Tant vaut le piédestal, tant vaut la statue. Il y a de belles choses à faire pour la religion.

« Adieu, mon cher ami ; il me sera toujours agréable de recevoir de tes lettres, fais-le le plus que tu pourras et ne donne pas de si longues excuses à ma paresse. Je me la reproche peu ; il vient un temps où l'on s'aime et où on a de plus utiles choses à faire qu'à se le dire. L'amitié commence sur la terre ; on en jouit dans le ciel. Adieu.

« Henri Lacordaire. »

Lacordaire à Ladey

« Paris, 24 août 1829.

« Je ne demande pas mieux, mon cher ami, d'écrire pour l'affaire dont tu m'as parlé.

« C'est à peu près ce jour-ci, mon cher Ladey, que nous nous embarquions, l'an passé, sur le lac de Thun. J'ai regret d'avoir été si peu de temps avec vous, d'autant plus que la jeunesse s'éloigne, je ne ferai plus que des voyages sérieux.

« Ton ami,

« H. Lacordaire. »

Ladey à Lacordaire

« Janvier 1834.

Te souvient-il, Henri, quand, pour voir le glacier
Des Alpes de Wengern, nous franchissions les cîmes
De ce midi brûlant où tous deux nous dormîmes
Dans le lit de sapin du pâtre hospitalier?

Mais la fatigue en vain nous faisait sommeiller,
Toujours nos yeux s'ouvraient à ces tableaux sublimes ;
Car en face de nous s'élevant des abîmes
La Jungfrau de ses flancs couvrait le ciel entier.

Toujours ce souvenir revient à ma mémoire.
A peine nous tenions dans ce chalet étroit
D'où notre œil contemplait par les fentes du toit
Ce ciel bleu, ce grand mont, tout d'albâtre ou d'ivoire.

Nous étions là, tous deux, bien humbles et sans gloire,
Moi, rimeur inconnu, même de mon endroit ;
Toi, déjà dégoûté d'un monde vide et froid
Et comme enseveli sous ta soutane noire.

Pareils à deux jumeaux couchés au même lit
En nous voyant alors, qui jamais eût prédit
Quels destins différents attendaient l'un et l'autre,

Et qu'un bras sous ma tête et la main dans ma main,
Partageant ce jour-là mon lit et mon chemin,
Reposait de Paris l'adolescent apôtre.

Lacordaire à Prosper Lorain

« Paris, 31 décembre 1829.

« Encore une année, mon pauvre Lorain, et que Dieu lui fasse paix ; sais-tu que nous sommes déjà bien vieux. C'est ma vingt-septième neige, celle-ci, j'ai un été de plus qu'une neige, parce que je suis né au mois des premières fleurs. Que de choses dans ce laps de temps ! J'ai vécu sous des consuls, sous un empereur, sous un roi, sous un empereur, sous un autre roi. Je vis maintenant au collège Henri-IV où j'ai voituré, depuis six semaines, mes dieux domestiques.

« Le ciel en soit béni ! — Ma pensée aussi a bien voyagé. Je voyais l'autre jour sur un album ceci : « La vie est comme la mer sur laquelle passent des nuages ; même quand elle est calme, le repos est ailleurs. » Cette pensée m'a plu, et elle est tout à fait d'un jour de l'an. Celui-ci sera comme tous les autres et il est inutile de te rien souhaiter, si ce n'est de *sortir du temps et du changement et d'aspirer à l'Éternité.*

« J'ai quitté la Visitation dans le milieu de

novembre pour n'être plus obligé de partager mon temps entre de doubles fonctions. Je suis logé par l'Université, qui est la plus généreuse de toutes les filles aînées des rois. Cette bonne mère, avec son grec et son latin, est un peu antique ; il faut le lui pardonner ; ce n'est pas petite chose que de changer de vêtement, et il a fallu toute une révolution pour que toi et moi ne portions pas une grande perruque poudrée. Nous aurions eu avec cela une drôle de mine, et un jour peut-être aussi les élèves riront bien du grec ; les aumôniers ne riront jamais d'avoir été nourris des mamelles universitaires. Je suis très bien, plaisanterie à part, et mon ministère, parmi ces jeunes gens, me plaît et m'attache. Ils n'ont pas du moins, au collège Henri-IV, l'esprit persécuteur que nous avions il y a 15 ans, et la religion a encore quelques prises sur eux, malgré le peu de circonstances favorables où elle puisse les toucher.

« Que fais-tu de ton côté, mon cher ami ? Es-tu voyageur ou mari cette année ? Quoi que tu fasses je te souhaite un heureux succès et te prie de me continuer ton amitié et tes lettres de temps en temps.

« Adieu, de tout mon cœur. Ton ami.

« Henri Lacordaire. »

Lacordaire à Ladey

« Paris, 4 janvier 1830.

« Je ne t'en dirai pas bien long, mon cher ami, pourtant je veux te dire bonjour au commencement de l'année. Je t'écris d'un lieu assez romantique que j'habite au collège Henri-IV. C'est aujourd'hui mon asile et toi que fais-tu dans ce taudis de la vie ? Où en est le christianisme, le romantisme et le droit ? Vous autres, jurisconsultes, vous êtes des hommes bien utiles, c'est vrai. Je n'y valais rien. J'aime mieux une virgule de l'écriture sainte que tout le Digeste. Au moins cette virgule ne passera pas.

« Tu ne saurais croire combien la religion rend la pensée indépendante des hommes. Où est le temps où je croyais à Grotius sans l'avoir jamais lu et que j'adorais la vérité dans de gros bouquins faits par des gens qui n'en savaient pas plus que moi sur nos destinées communes ? Cela est loin, par la grâce de Dieu ; il n'y a que l'amitié qui soit demeurée ma contemporaine d'aujourd'hui et d'autrefois.

« Si tu veux savoir ce que je fais dans mon

grenier, je n'y marche pas à la postérité un manuscrit sous le bras ; j'y lis beaucoup, j'y pense comme je peux, j'y prie le bon Dieu et j'y dors en paix. Personne ne vient me voir. Les lettres d'amis y sont aussi rares que leurs pas; leur souvenir seul est proche et me suit partout. Je me confie à leurs anciennes années du soin de me rappeler à eux et pourvu que leur cœur soit immobile dans le mien, le temps aura beau marcher, je serai toujours jeune et content.

« Henri LACORDAIRE. »

Ladey à Prosper Lorain

« Paris, 2 décembre 1830.

« Mon cher ami, notre départ est retardé. — Dis à mon père que c'est bien contre mon gré. Tu me dis de jouir de Paris, je n'en ai aucune envie.

« J'ai revu le Panthéon et m'y suis longtemps promené. Ce Panthéon est d'un effet magnifique, nu, sans autels ni stalles, ni chaises, rien qu'au milieu un buste du maréchal Ney. On y marche le chapeau sur la tête, mais ce n'est pas sans crainte. Comprends-tu qu'il n'y ait rien là dedans et que depuis un siècle Dieu et les hommes s'en chassent, sans qu'il soit sûr que le dernier vainqueur le possède à jamais.

« Je suis allé chez Lacordaire. T'a-t-on dit qu'il loge maintenant avec l'abbé de Lamennais, dans un petit appartement de trois pièces? La première est un petit réfectoire, la seconde la cellule du disciple, et la troisième, que je n'ai pas vue, le sanctuaire du maître. Tout cela s'enfile d'une manière que peut seule rendre tolérable une parfaite intimité, car il faut absolument que l'abbé *Féli* passe, pour aller chez lui, par la chambre de l'abbé Henri ; les visites et les conversations doivent être communes.

« Pour moi, j'ai eu le plaisir de ne point me trouver en face de l'homme célèbre qui est maintenant à la campagne. Je ne me doutais même pas du danger et je suis entré, sans heurter, à 7 heures du matin, dans ces modernes catacombes... J'ai trouvé notre abbé en cheveux laïques et en redingote (1). La peau de serpent que tu te rappelles a totalement changé et de grise que nous l'avons connue est devenue noisette, aussi schismatique que possible de couleur et de forme, cela porté par des jambes aussi lestes et dégagées que si une soutane noire ne leur avait pas caché le jour pendant six ans et plus.

« Tu devines bien ce que nous avons dit, puisque tu as lu *l'Avenir* et que tu as reçu une lettre. Henri m'a lu lui-même très rapidement l'article cause d'un si grand scandale. Je n'ai pu qu'imparfaitement en juger. Je t'avoue que la pensée ne m'en a pas paru lucide, les formes sans exagération, la colère sans injustice. J'en ai loué seulement le mérite littéraire, demandant des explications qui ne m'ont pas entièrement satisfait.

« Victor. »

(1) Quand je vis Lacordaire pour la première fois, il était vêtu en laïque, l'état de Paris ne permettant pas alors aux prêtres de porter leur costume. » *Le père Lacordaire,* par Montalembert.

Lacordaire à Prosper Lorain.

« Paris, 28 janvier 1834.

« Il est bien temps, mon cher ami, de répondre à ton petit billet dernier. Tes lettres deviennent des miniatures et les miennes des raretés. Tu sais où en sont mes affaires avec le Saint-Siège, et tu auras vu probablement les différentes lettres qui ont été écrites et répondues. Je suis on ne peut plus satisfait de m'être mis hors de cause et de n'être plus à la merci des idées d'autrui. J'ai accompli mon devoir et je suis sans regrets. Après avoir hésité assez longtemps sur le parti que je devais prendre pour l'emploi de mon temps, j'ai préféré commencer des conférences pour la jeunesse et je les ai ouvertes le dimanche 19 janvier au collège Stanislas. La chapelle n'est pas très grande, mais peut contenir, outre les élèves les plus âgés, cent à cent cinquante étrangers. L'auditoire sera toujours suffisant et je n'aurai pas à m'épuiser la poitrine dans une vaste nef, sans espérance de me faire entendre suffisamment.

« Mes conférences ont lieu tous les huit jours, le dimanche, à trois heures de l'après-midi. Je ne les écris pas, ce qui serait un travail immense, mais je les prépare par des recherches et des méditations.

« Donne-moi de tes nouvelles bientôt. Je viens d'apprendre par une lettre de Foisset que Ladey (1) subit en ce moment un concours. J'espère qu'il aura bonne chance et que vous voilà tous les deux professeurs pour l'éternité. Fais-lui mes compliments et apprends-moi le résultat.

« Adieu, mon cher ami, je t'embrasse et t'aime toujours et espère te revoir.

« Henri LACORDAIRE. »

(1) En 1833, concours pour une chaire de professeur. Ladey fut institué par acte du 18 mars 1834.

Mme Lacordaire à Mme Louise B...

« 11 mai 1834.

« Henri a fait des conférences dans un collège (1), qui ont eu un tel succès que, deux heures d'avance, il n'y avait plus de place ; elles lui ont fait beaucoup de réputation.

« L. »

Non seulement Mme Lacordaire parlait du triomphe de son fils, mais une autre mère s'applaudissait d'avoir conduit les siens au pied de cette chaire d'éloquence.

« Mes fils, disait-elle, sont tout transportés d'admiration et d'enthousiasme. M. l'abbé Lacordaire possède le don rare et exquis de parler à la jeunesse, de la charmer en la captivant. Il tient sous son joug les esprits, les cœurs, les âmes, et sa foi ardente, sa parole superbe remuent les plus froids de ses auditeurs. La station de Stanislas est mieux qu'un succès, plus que de la gloire, c'est la révélation du génie. — Lacordaire à l'église, Berryer à la tribune. — En dehors d'eux il n'y a rien à Paris.

(1) A Stanislas.

Lacordaire à Mme de Coulaine, au château de Coulaine, près Chinon

« Paris, 1er août 1834

« Madame,

« Je me proposais de vous écrire pour vous témoigner mes regrets de ne pouvoir, cette année, vous voir à Coulaine. Les circonstances ont voulu que ma liberté commençât et finît avant l'époque où Messieurs vos fils pussent se réunir à moi. J'ai donc mieux aimé remettre la partie à une autre année et visiter les bords du Rhin. Quoiqu'ils soient très beaux je n'en regrette pas moins Coulaine.

« Je vous remercie bien, Madame, de toutes les choses aimables que vous voulez bien me dire au sujet de mon petit ouvrage. J'ai su, par des lettres de Rome, que des théologiens distingués de ce pays en étaient contents. Il a généralement produit un bon effet moral, et c'est surtout ce que je désirais. Vous avez vu probablement une nouvelle Encyclique du St-Père qui condamne à la fois les *Paroles d'un croyant* et le système philosophique de M. de Lamennais. C'est un grand événement, surtout pour le clergé de France, dont une partie s'était attachée avec tant de foi à cet homme célèbre. Il lui a manqué l'esprit de soumission et avec celui-là, tous les autres esprits ensemble, tant il faut que l'homme soit humble pour être raisonnable.

« Veuillez, Madame, présenter mes respects à M. de Coulaine et agréer...

« Lacordaire. »

Lacordaire à Prosper Lorain

« Paris, 20 novembre 1834

« J'ai reçu ta lettre, mon cher ami. Je suis définitivement avec ma mère, qui préfère rester ici où elle est tranquille, et nous sommes seuls, tous les deux, comme en 1828 et 1829.

« Après six semaines de pourparlers et d'inquiétudes, Monseigneur m'a définitivement refusé, par une lettre fort aimable d'ailleurs, l'autorisation de reprendre mes conférences à Stanislas, soit à cause des conférences de Notre-Dame, soit pour d'autres misères que je ne comprends pas moi-même et qu'à plus forte raison tu ne pourrais pas comprendre. Comme je ne puis prêcher autrement que le ciel ne l'a voulu en me donnant mon organisation, il est bien clair par le fait que je suis sevré du ministère de la parole jusqu'à un temps que j'ignore. Quoique cette décision m'ait vivement peiné elle me délivre de bien des ennuis, auxquels je m'exposais par zèle, et me met dans la nécessité, heureuse peut-être, de publier par écrit ce que j'aurais publié de vive voix.

« J'ai déjà remis mes conférences au libraire;

elles paraîtront en un volume in-8° en 1835, et il est probable qu'en cinq ou six ans ce volume sera suivi de trois autres, lesquels tous ensemble formeront une suite complète de la doctrine chrétienne, ouvrage qui manque aujourd'hui et dont je crois le succès aussi certain que l'utilité. La persécution injuste que j'éprouve y contribuera, car l'injustice profite toujours à ceux qui la supportent dignement.

« Tu me disais que j'étais allé sans cesse de M. de Lamennais à Mgr l'archevêque et de l'archevêque à M. de Lamennais. Quoi qu'il en soit, je ne suis plus ni à l'un ni à l'autre ; je n'aspire à aucune dignité ecclésiastique et me voilà donné à la Visitation priant, lisant, écrivant, et heureux tant qu'il plaira à Dieu.

« J'espère bien te voir ici cette année et causer au long avec toi, d'autant qu'il n'est pas probable que j'aille en Bourgogne l'an prochain. Adieu, mon ami, tout à toi...

« H. Lacordaire. »

Lacordaire à Prosper Lorain

« Paris, **27** novembre 1834

« Mon cher ami,

« Il y a dans la lettre que tu viens de m'écrire plusieurs choses qui m'ont fait beaucoup de peine. Je suis d'abord étonné que tu me demandes les raisons *véritables* qui ont changé ma position, comme si je t'en avais donné de fausses. Je t'ai dit, en termes très clairs, que Mgr l'archevêque ne voulait pas consentir à la reprise de mes conférences et telle est la véritable cause de leur interruption. Si ce sont les motifs de Mgr l'archevêque que tu désires connaître, je ne les sais pas plus que toi et il t'est aussi facile qu'à moi de les pressentir. Tu n'es pas assez étranger aux choses du monde pour savoir quelles difficultés rencontre un homme qui répand autour de lui un peu d'éclat, quelles passions se meuvent pour l'entraver et combien il est aisé d'effrayer ou d'obscurcir l'entendement de ceux qui, par leurs charges, devraient tout voir et que les embarras même de leurs charges empêchent de rien voir par eux-mêmes. Tu dois comprendre aussi sans peine que mes actes antérieurs n'aient pas obtenu grâce devant tout le monde et l'expliquer par conséquent l'opposition que je rencontre sur ma route. Voilà tout ce que je sais et c'était assez te le dire que de t'annoncer les déterminations prises à mon égard par l'autorité supérieure. Depuis, des négociations ont été renouées, mais je n'en espère rien.

« Un autre passage de ta lettre m'a confondu : c'est celui où tu me dis que tu aimes mieux me voir dépendant de moi seul que *ballotté sans cesse d'un patron à l'autre, d'une opinion à une opinion*, et où tu m'exhortes à me former *une idée forte et précise, un plan de doctrines consciencieuses et arrêtées qui n'aspirent ni à la flatterie ni au renversement*.

« En vérité, si c'est l'idée que tu te fais de moi après quatorze ans de liaison, je n'ai pas à m'en féliciter. Je n'ai jamais été ballotté d'un patron à l'autre, ni Mgr l'archevêque ni M. de Lamennais n'ont joué ce rôle à mon égard et ils m'ont toujours trouvé d'un caractère trop indépendant pour l'espérer. Si j'eusse voulu profiter des dispositions bienveillantes de Mgr l'archevêque, j'aurais suivi la carrière des paroisses. Je n'ai point consenti à cet avenir par ce que ma conviction était, à tort ou à raison, que j'étais plutôt fait pour être écrivain et orateur que pasteur. Je n'ai pas même profité de ses dispositions pour le voir souvent et nul moins que moi n'a eu à son égard des doctrines ou des démarches *aspirant à la flatterie*, quoi qu'il dépendît de moi d'être tout dans son diocèse par cette voie et même par une voie moins honteuse, si j'eusse seulement consenti à le servir. Ce n'est pas à mes amis de m'ôter un caractère et une dignité que mes ennemis mêmes reconnaissent et qui se montre aujourd'hui par les obstacles inconcevables dont je suis la victime. Tout ce que Mgr l'archevêque m'a proposé ou m'a fait proposer jusqu'ici, places dans les paroisses, entrée dans la congrégation de St-Hyacinthe, orateur des Conférences de Notre-Dame, j'ai tout refusé, sauf une place de chapelain à 1.150 fr. de traitement et une place de second aumônier dans un collège; et aujourd'hui, après sept ans de sacerdoce, je ne suis pas plus avancé que le premier jour et j'ai moins de perspective que jamais. C'est là ma gloire devant tout le clergé de Paris. Tu parles d'ambition et d'avenir à un homme qui depuis dix ans ne s'en est pas occupé un seul jour.

« Lorsqu'en 1830, après une révolution qui avait tout changé, je m'unis à M. de Lamennais pour soutenir l'existence menacée du christianisme, je ne quittai pas Mgr l'archevêque, je continuai à le voir comme par le passé; et dès que l'église nous eut avertis que nous avions outrepassé les limites du vrai, j'y rentrai avec simplicité et courage, me montrant ce que j'étais, non un client servile, mais un coopérateur indépendant, qui se devait à sa conscience avant tout. Je n'ai pas besoin de chercher à me faire des *doctrines consciencieuses;* les miennes l'ont toujours été : ce sont celles de l'Église à laquelle je suis dévoué du plus profond de mon cœur et que ma seule ambition est de servir avec désintéressement.

« J'avais remarqué souvent dans tes lettres une appréciation fausse de ma conduite et de mes intentions ; mais elle ne s'était pas encore manifestée d'une manière aussi douloureuse pour moi. J'y voyais seulement une raison de te parler peu et brièvement de choses que tu ne me parais pas entendre du tout, parce qu'il te manque un élément nécessaire pour le juger, l'élément chrétien.

« Tu as pu prendre ce laconisme pour une dissimulation ; ce n'était pas même de la prudence. Toi et moi, malheureusement, nous différons sur des pensées fondamentales et par le but de notre vie ; c'est là ce dont il faut avoir du regret.

« Adieu, mon cher ami, tout à toi.
« H. Lacordaire. »

Lacordaire à Lorain

« Paris, 13 déc. 1834.

« Je te remercie, mon cher ami, du petit mot que tu viens de m'écrire, et j'en suis très heureux. Je n'ai pas voulu te blesser; je t'ai simplement communiqué mes impressions du moment et ne te demande qu'une chose, c'est de croire à ma sincérité dans tous mes rapports avec toi.

« Malheureusement nous sommes loin et tu sais que rien n'est plus décourageant pour les confidences que d'être obligé de les écrire. Mais je te tiens toujours au courant de ma vie dans ce qu'elle a d'important, sinon dans tous ses détails qui seraient fastidieux. Décidément je ne ferai pas mes conférences; Mgr l'archevêque voudrait que je ne parlasse qu'après avoir écrit et cela m'est impossible.

« Adieu, tout à toi de cœur.

« H. LACORDAIRE. »

III

Lacordaire à Prosper Lorain

« Paris, 10 août 1835.

« Mon cher ami,

« Les conférences de Notre-Dame sont bien, soit sous le rapport des auditeurs, soit sous celui du clergé. Mgr l'archevêque est on ne peut plus content et la minorité apparente est très petite. Le vaisseau ne m'a pas étouffé, comme on l'aurait pu craindre, et il est même vrai de dire que ma voix se forme et prend de l'ampleur avec l'usage. Si tu étais ici dans la semaine sainte, tu pourrais encore m'entendre. Tu ne doutes pas du plaisir que tu me ferais.

« Adieu, cher ami, tout à toi et au revoir bientôt.

« Lacordaire. »

Lacordaire à Prosper Lorain

« Paris, 9 février 1836.

« Je te remercie, mon cher ami, des deux lettres que tu m'as écrites au sujet du malheur qui vient de nous frapper. Quoique tu aies vu ma mère quelquefois, tu ne peux savoir combien grand a été son mérite de femme et de mère.

Il y aura trente ans au mois d'août qu'elle avait perdu son mari après six années de mariage, et ce qu'elle a fait pour nous pendant ces trente ans ne peut être connu que de Dieu seul. Ce ne sont pas de ces actes qui paraissent et tout au plus le monde en aperçoit-il un ensemble général. Nous-mêmes, ses fils, beaucoup de choses nous ont échappé, mais nous en savons assez pour lui garder un regret éternel. Elle a eu dans sa dernière maladie quelques jours de grandes douleurs; heureusement que la nature s'est affaissée et, tout en lui laissant la connaissance jusqu'au bout, lui a procuré une fin calme.

« Ne vas pas en Belgique, mon ami, tu t'ennuierais à périr là bas. Tu ne sais pas ce que c'est qu'un pays étranger et un petit pays. Ce que tu as de mieux à faire, c'est de te marier promptement pour avoir une femme et des enfants qui t'intéressent. Adieu. Donne-moi cette bonne nouvelle et crois bien toujours tien de cœur.

« Lacordaire. »

Lacordaire à Ladey

« Paris, 17 février 1836.

« Mille remercîments, mon cher Victor, de ta bonne lettre. Tu as dû savoir par le retour de mon frère toutes les circonstances de l'irréparable perte que nous avons faite. Ma mère était atteinte depuis près de 25 à 30 ans de légères souffrances au cœur, qui indiquaient le vice organique très peu développé. Ce n'était pas un anévrisme, mais un état qui empêchait la libre circulation du sang. Par suite, le poumon a été atteint et c'est cette dernière complication qui a précipité la fin de notre pauvre mère.

« Il est probable, mon cher ami, que j'aurai bientôt l'occasion de te revoir, car aussitôt après mes conférences, je partirai pour Rome où je dois passer plusieurs années. J'ai besoin d'études de plusieurs genres que je ne pourrai jamais faire ici dans un ministère actif et éclatant.

« Il faut savoir saisir dans la vie des points d'arrêt. La Providence, en me faisant tout à fait libre par un déplorable malheur, semble m'avoir ménagé celui-ci.

« Adieu, mon ami, présente mes respects à ton père, mille choses à Lorain.

« Lacordaire. »

Lacordaire à Ladey.

Paris, 4 mars 1836.

« Je suis loin, mon cher ami, d'être aussi indifférent que tu le crois, au souvenir de mon pays et aux travaux de ceux qui ont été les compagnons de ma première jeunesse et qui sont restés mes amis. J'ambitionne toujours leur estime, je prends part à leurs succès et je m'associerais tout de suite à la revue que vous voulez fonder (1), si ma position dans le clergé ne me rendait extrêmement scrupuleux sur toutes mes démarches. Je vous prie donc d'attendre mon passage à Dijon pour en causer avec vous.

« Quant à mon frère Théodore, il accepte la collaboration que vous lui offrez, quoiqu'il ne puisse vous répondre présentement de vous être en grande aide.

« Adieu mon ami, tout à toi.

« LACORDAIRE. »

(1) *Revue des deux Bourgognes.*

**Lacordaire à madame de Coulaine,
château de Coulaine, près Chinon.**

« Paris, 27 mars 1836.

« Madame,

« Je n'ai reçu qu'hier la lettre que vous m'avez fait l'honneur de m'écrire. Je suis bien touché du souvenir que vous avez eu de moi dans une occasion douloureuse dont la plaie est encore si récente. Ma mère pouvait encore vivre bien des années. Elle n'avait plus qu'à jouir de ses enfants qu'elle avait laborieusement élevés, quand Dieu a voulu être lui-même sa récompense.

« Sa mort a changé tous mes projets. J'ai conçu la pensé d'aller passer quelque temps à Rome dans l'étude et la prière, et je pars, en effet, le 18 avril prochain. Vous voyez, Madame, que tout semble conspirer à m'éloigner de Coulaine. Chaque année, quelqu'obstacle imprévu survient. J'avais cependant bien regretté l'année dernière de ne pas vous voir et voilà que, profitant d'une triste liberté, je m'en vais loin de Coulaine et de mon pays. Les instances si aimables que vous me faites de nouveau, malgré mes prévarications, augmentent encore mes regrets.

« Je désire vivement que le temps vienne de tout expier et de jouir d'une si douce pénitence. Je vous prie d'être auprès de M. de Coulaine et de MM. vos fils l'interprète de mes sentiments et de mes hommages et d'agréer le respect reconnaissant avec lequel je suis...

« H. Lacordaire. »

Lacordaire à P. Lorain.

« Rome, 23 juin 1836.

« C'est le 21 mai dernier, mon cher ami, que je suis arrivé à Rome. Je m'étais embarqué le 10 à Marseille sur le paquebot à vapeur *le Sully* comptant faire une route agréable et courte. J'ai été bien trompé. Nous avons été assaillis par une tempête abominable qui a duré une grande partie de la nuit, et qui m'a tellement fait souffrir que je n'ai pas voulu reprendre la mer. J'ai loué un voiturier et me suis en allé tranquillement par la route de Pise et de Sienne, en laissant de côté Florence, que je connaissais déjà.

« Deux jours après mon arrivée, j'ai pris un appartement dans une maison particulière, *via di Nicolo a Cesarini, n° 56*, non loin du Capitole, entre les églises du *Gesu* et de *San-Andrea della valle*. J'y suis très bien et j'y resterai. Les cardinaux que j'ai vus, les pères jésuites, l'ambassadeur et tout le monde m'a reçu on ne peut mieux. J'ai eu une audience du Saint-Père le 6 juin dernier, il m'a fait un accueil plein de bonté et m'a dit les choses les plus consolantes et les plus encourageantes sur les conférences de Notre-Dame. Il m'a donné sa bénédiction en ces termes : « *Je lui donne ma bénédiction et je prie Dieu de le confirmer dans la défense qu'il a entreprise de la cause catholique.* »

« Quant aux *Deux Bourgognes*, après y avoir bien pensé, je suis résolu de m'abstenir. Je suis dégoûté, plus que jamais, de la presse périodique jusqu'à un point que je ne puis dire, et c'est une répugnance que je ne pourrais soulever que dans un but de grand intérêt pour la religion et la société, ce qui n'est pas ici le cas. J'ai même refusé d'écrire dans *l'Université catholique*, recueil où j'ai aussi des amis et, de plus, des hommes qui ont ma foi. Ce serait une inconséquence autant qu'une inutilité d'écrire ailleurs. Il ne s'agit pas ici d'un service personnel à vous rendre, cas auquel je ferais tout mon possible pour y suffire ; il s'agit d'une œuvre littéraire dont vous faites partie pour votre plaisir et que d'ailleurs mon défaut de concours n'empêchera pas de vivre son temps, jusqu'à ce que vous en soyez las. Je regrette beaucoup cette circonstance qui paraît me donner un air d'indifférence pour vos travaux, tandis qu'au fond je ne fais que suivre une ligne que je regarde comme un devoir sacré de suivre.

« J'espère bientôt de tes nouvelles et de celles de Ladey, auquel je fais mes amitiés. Toi, cher ami, je t'embrasse et t'aime de cœur comme autrefois.

« H. LACORDAIRE. »

**Lacordaire à madame de Coulaine,
château de Coulaine par Chinon**

« Rome, 3 septembre 1836.

« Madame,

« J'ai l'honneur de vous envoyer, par une occasion, les grâces du Saint-Siège que vous avez désirées (1). Votre lettre m'a été remise par M. du Petit-Thouars, dont je vous remercie de m'avoir fait faire la connaissance. Il vous aurait rapporté le bref ci-joint s'il avait pu prolonger son séjour ici, et c'est par le départ de quelque connaissance que je suis assez heureux pour pouvoir vous remercier de votre bon et aimable souvenir. Le mien, Madame, vous est depuis longtemps acquis par toutes vos bontés pour moi. Peut-être avez-vous en ce moment l'un de messieurs vos fils près de vous. Qu'ils soient absents ou présents, je vous prie de leur faire mes compliments et de vouloir bien présenter mes hommages respectueux à M. de Coulaine.

(1) Pour l'obtention de l'indulgence plénière à recevoir le jour de la fête de sainte Anne, dans la chapelle du château de Coulaine.

« Je prie Dieu de veiller sur vous, sur les vôtres, sur vos abeilles, sur cette belle maison de Coulaine que je devrais connaître et où je ne puis me transporter que par l'imagination et par le cœur. Veuillez agréer...

« H. Lacordaire. »

« J'oubliais de vous dire, Madame, que ce bref est perpétuel. Vous n'aurez plus besoin de le renouveler jusqu'au jour du jugement dernier. »

Victor Ladey à Théophile Foisset (1)

« Dijon, 14 décembre 1836.

« Tout ce qu'on peut attendre des amitiés humaines, j'aurais cru l'avoir de Lorain, si votre bonne et pieuse lettre ne m'était pas venue. Vous ne pouvez, comme lui, me serrer la main, mais mon cœur sent votre étreinte et vous remercie.

« Priez : J'ai prié aussi, mais je n'ai pas, comme vous, les paroles de l'écriture, et la prière m'a trop peu fortifié. Je sens pourtant, et l'ai senti avant cette épreuve, que les grands chagrins ne se peuvent consoler qu'en Dieu. J'ai toujours été malheureux au monde.

« Adieu, mon bon ami, votre lettre est la première que je reçoive.

« V. L. »

(1) Après la mort de M. Ladey père.

Lacordaire à Ladey

« Rome, 17 janvier 1837.

« Je viens d'apprendre par une lettre de Lorain, mon cher ami, la perte que tu as récemment faite. Je sais combien tu aimais ton père et avec quel sentiment filial tu l'as soigné depuis de longues années ; ainsi nous voyons disparaître les uns et les autres nos parents pour prendre un moment leur place et disparaître après eux dans l'abîme sans retour. Je m'empresse de te faire à ce sujet toutes mes condoléances, d'autant plus que j'ai à cœur aussi de te montrer que je ne t'oublie pas et que mon ancienne amitié pour toi est toujours la même. J'ai beaucoup regretté la manière dont je me suis séparé de toi il y a 10 ans (1), et je serais malheureux que cette circonstance fortuite, où tu as eu toi-même plus de part que tu ne crois, pût t'avoir persuadé autre chose que la bizarrerie de certaines circonstances. Dans tous les cas, je te prie de me le pardonner sincèrement et cordialement.

(1) Allusion au refroidissement qui les sépara tout à coup en Suisse, en 1828.

« Tu auras déjà su peut-être qu'à l'occasion des *Affaires de Rome* j'ai écrit une *lettre sur le Saint-Siège*, qui doit être imprimée à Paris, à moins d'obstacles que je ne puis prévoir.

« C'était une occasion pour la *Revue des Deux-Bourgognes*, s'il n'avait pas fallu que cela parût à Paris. Je désire bien plus que tu ne crois qu'une pareille occasion se présente et je n'en dis pas davantage sur un sujet où vous ne pouvez pas me comprendre.

« J'aime mieux t'annoncer que j'ai pris le parti de rester à Rome et que probablement je serai prochainement attaché comme chapelain à l'église de Saint-Louis des Français. Notre église nationale a douze chapelains. Tu vois que je suis résolu de ne pas retourner à Paris parce que j'ai trop d'adversaires et que j'aime mieux écrire tranquillement ici quelque ouvrage de longue haleine, que d'être sans cesse exposé aux coups de l'ennemi sur une brèche passablement large. J'ai trouvé d'ailleurs ici un bon accueil, suffisamment de distractions pour ma vie naturellement solitaire et une grande paix de l'âme. Je ne ferai aucun voyage, pas même à Naples ; j'ai visité les environs de Rome et maintenant je n'en veux pas sortir. Tu serais bien aimable de venir m'y visiter quelque jour avec Lorain. Tu verrais que je ne suis pas encore aussi noir et aussi insensible que vous me croyez et qu'il me reste de bonnes traces. Hélas! mes pauvres amis, pardonnons-nous et aimons-nous.

« Ma santé est toujours bonne et le choléra semble s'arrêter devant la ville Sainte. Le peuple, qui en a eu une peur horrible, n'y pense plus. Cependant nous n'aurons pas de masques au carnaval, de crainte que le choléra n'arrive en domino.

« Adieu, mon bien cher Ladey; fais mes amitiés à Lorain. Un mot de moi à Boissard. Je t'embrasse bien tendrement.

« H. Lacordaire. »

Lacordaire à Prosper Lorain

« Rome, 14 mars 1837.

« Je suis sensible, mon cher ami, à la perte que tu viens d'éprouver et je te remercie de m'en avoir fait part comme à un ami véritable de ta famille. Ton frère me plaisait, c'était un homme d'esprit et je regrette que la mort l'ait enlevé si tôt. Mais nous voici à l'âge où nous verrons successivement s'éteindre nos parents, nos amis, ceux que nous avons rencontrés avec plus ou moins de plaisir. Encore quelques années, nous aurons quarante ans. C'est le plein de la vie, le sommet d'où l'on regarde aux deux versants de la tombe et du berceau avec une égale perspective.

« Pour moi je sens venir rapidement ce moment de la maturité. Il est déjà présent dans mon âme sur bien des points, quoique mes cheveux soient plus serrés que les tiens et mon front moins chauve. Tu as tort de ne pas te marier, les années passent, la jeunesse se flétrit : nous approchons du temps où le trop tard se fait sentir. L'ombre, dit Virgile, s'allonge au pied des monts, il est temps de rentrer dans la cabane et de s'y reposer. Mais en toutes choses je te prêche vainement, tu as un cœur fermé à la persuasion.

« Tu auras deviné, par la non-publication de mon écrit sur Rome, que j'ai eu des affaires avec mon archevêque. Par suite j'ai accepté un appartement à Saint-Louis des Français, où je suis très bien et où je compte passer de longues années, si la Providence ne dérange rien à mes projets.

« Le Saint-Père est très content de moi ; il m'a reçu de nouveau en audience particulière, m'a demandé une copie de mon manuscrit et en a parlé avec les plus grands éloges. Je suis ici sur un terrain solide, au lieu qu'en France il n'existe aucune autorité généralement reconnue et des discussions très vives sont augmentées par celles de la politique. Il t'est par conséquent facile de voir les raisons de mon voyage et de mon séjour à Rome, raisons qui te semblaient une énigme parce que tu ne veux jamais croire à la simplicité de mes démarches.

« J'ai écrit à Ladey qui me paraît toujours très irrité contre moi. Il a tort. Je l'aime et l'estime sincèrement. Quand nous reverrons-nous pour faire la paix ? Je ne sais ce que je deviendrai ; ma vie est couverte de nuages et je l'abandonne à la Providence. Venez me voir ici. Faites encore une course avant que tout devienne trop sérieux.

« Je te prie de me rappeler au souvenir d'Ed. Boissard et de M. Joliet. »

Victor Laley à Théophile Foisset

« Dijon, 26 juillet 1838.

« Mon bon ami, je ne vous ai pas accusé réception de votre dernière lettre. Mon excuse est dans le projet de mariage dont je vous ai parlé et dont je veux que vous sachiez les détails de bonne source.

« Vous ai-je dit que ma future est une toute jeune et toute petite femme, mais gentille au possible, bonne, simple, douce autant que je le pouvais désirer. Il m'en revient de tous côtés des concerts d'éloges qui m'étourdissent et j'ai peur de ne pas être assez bon pour cette charmante enfant. Elle n'est pas sotte, j'en suis sûr, mais j'ignore si Mme de Villarceau, qui l'a élevée, l'a instruite comme je voudrais qu'elle fût. Sur les deux points on dit qu'oui. Nous verrons bien. Ce qu'il y a de sûr, c'est qu'elle est très bonne musicienne; j'en fais cas, car elle aura un pauvre mari aux nerfs de qui il faut de la musique.

« Savez-vous le nom? c'est une petite Marie Poisot. M. Poisot est le meilleur des pères. Ses deux fils sont très intelligents.

« Notre autre affaire (1) ne peut avoir de suite. Lorain ne s'en contenterait pas et il aurait raison. Il peut faire beaucoup mieux. Combien je le souhaite ! J'ai de cette inégalité prochaine dans nos deux vies, jusqu'alors si parallèles, un chagrin dont je ne puis pas me distraire et ce n'est que lorsqu'il sera marié que nous nous retrouverons heureux. Heureusement qu'il est en position de se bien marier et combien aurait-il plus d'avantages si l'on savait comme son humeur est égale et bonne au lieu de mauvaise qu'on la croit si généralement.

« Voilà, mon bon ami, ce que j'avais à vous dire. Je crois que j'aurai une femme pieuse. Adieu.

« V. L. »

(1) Un mariage pour Lorain.

QUATRIÈME PARTIE

LE PÈRE HENRI-DOMINIQUE LACORDAIRE

DES FRÈRES PRÊCHEURS

« Heureux qui sème le bien et le vrai, la moisson ne lui manquera pas. »

I

Avant de commencer son noviciat de frère prêcheur, Lacordaire quitta Rome, revint en France et voulut s'arrêter à Dijon, où le rappelaient ses souvenirs les plus chers.

Ladey se proposa de lui donner l'illusion de leur jeunesse en groupant autour de lui les amis dont l'absence, le temps et la mort avaient respecté la fidélité et le nombre. A son appel, Théophile Foisset quitta sa maison des champs et Boissard, non moins empressé, sortit de ses forêts jurassiennes. Quant à Lorain, il fut ravi de joie.

Mais le plus heureux, le plus ému, sinon le plus démonstratif, fut assurément Victor Ladey. Au deuil qui suivit la mort encore récente d'un père qu'il avait beaucoup aimé, succédait un bonheur longtemps attendu, l'idéal réalisé d'un foyer plein de charme. Mme Ladey avait dix-huit ans ; si elle souriait au projet qui réjouissait son mari, si elle attendait pour les réunir à sa table Lacordaire, Foisset, Lorain et Boissard, la renommée du célèbre prédicateur la troublait un peu.

Mais en sa présence, cette impression fit place à un contentement profond. A sa dignité de personne et de caractère, Lacordaire unissait quelque chose d'affable, de très cordial, plus marqué encore à cette courte halte sous le toit d'un ami. N'entrait-il pas dans une vie plus austère, très détachée, moins ouverte aux épanchements de l'amitié.

L'œuvre considérable qu'il allait entreprendre lui paraissait plus considérable encore, très difficile, à mesure qu'il avançait vers son achèvement et sa consolidation. Aussi cette réunion avec ses premiers amis lui semblait être la dernière joie, le dernier repos permis à sa maturité, et comme le testament d'un cœur qui se donne tout entier avant ses renoncements définitifs.

II

Lacordaire à Lorain, à Dijon

« Paris, 28 novembre 1838.

« Mon cher ami,

« Je suis plongé jusqu'au cou dans mes frères prêcheurs. Tout va admirablement de tous côtés. J'ai eu hier une conversation avec le garde des sceaux et je suis fondé à croire que le Gouvernement nous tolérera. Je travaille à un Mémoire qui paraîtra avant mon départ, et qui, je crois, fera notre position bonne dans l'opinion.

« Et ton mariage? Il est évident qu'il faudra le concours des trois pouvoirs pour te marier, et qu'à moins d'une loi tu resteras sans lien. Adieu, vilain célibataire. J'espère bien que tu en seras puni à moins que tu ne te fasses dominicain. C'est une ressource. Adieu. Mille compliments à Ladey et mes hommages respectueux à sa femme.

« F. H. DE LACORDAIRE. »

Lacordaire à Lorain

« Paris, 1er mars 1839.

« Mon cher ami, c'est le 7 mars que je pars pour Rome avec un petit nombre de compagnons. Le lendemain paraîtra un Mémoire sur le *Rétablissement en France des Frères-Prêcheurs*, dont tu recevras un exemplaire. Je regrette que ton travail sur *Cluny* (1) n'ait pas été publié avant mon départ ; j'étais résolu à lui consacrer quelques articles ; mais je le laisserai en bonnes mains, et tu peux être sûr que *l'Univers religieux* en rendra compte *in extenso* et avec talent.

« Je pars content, content au delà de tout ce que je pouvais espérer. J'ai trouvé dans la jeunesse les dispositions les plus favorables, le concours actif d'hommes éminents, des promesses sûres, une sympathie presque générale, enfin, une position aussi belle que possible. Rome n'a point été ébranlé pendant mon absence, et j'ai su que le pape s'était exprimé à l'égard de cette œuvre et de ma personne d'une manière très favorable. M. Barthe

---

(1) Ouvrage complet et très intéressant sur l'abbaye de Cluny, par M. Lorain. Dijon, 1839, un vol. in-8.

(ministre), que j'ai vu pendant une heure, m'a très bien accueilli, et s'est exprimé sur mon compte de manière à me faire présumer qu'au moins le Gouvernement laissera faire, à moins qu'il ne fût forcé par l'opinion d'agir contre nous, et je crois que l'opinion ne nous sera pas trop défavorable. Au surplus, mon plan est indépendant des obstacles de ce genre, et nous sommes tout prêts à nous établir aux frontières, s'il le faut.

« Voilà, en peu de mots, mon cher ami, ma situation.

« Je prends ma route par Lyon, Turin, Milan et Bologne. Nous serons de retour en avril 1840. Je ne sais quand je pourrai te revoir, mais ton souvenir ne s'éloigne pas de moi. Je compte aussi toujours sur le tien et j'espère que tu ne m'imputeras pas à faute le délai qui m'empêche de m'occuper de *Cluny*. Je l'attendais chaque jour, c'était à toi de te presser. Adieu, cher ami, mes amitiés à ce bon Victor.

« F. H.-Dominique Lacordaire,
« *des Frères Prêcheurs.* »

Victor Ladey à Théophile Foisset

« Dijon, 2 juin 1839.

« Mon cher Théophile,

« Vous vous plaignez que je vous écris rarement, c'est qu'il me naît rarement des filles. En voici une qui est blonde, grande et forte et qui me réjouit. J'eusse choisi un fils, mais Dieu ne donne que ce qu'il veut et quand il veut, et je le remercie de ce qu'il m'envoie. Ma femme est des plus ravies.

« V. L. »

Lacordaire à Ladey

« La Quercia, 26 juin 1839.

« Je te remercie, mon cher ami, d'avoir rompu ton silence éternel pour m'apprendre que Dieu t'avait donné une fille par le secours d'une très aimable femme. Cet événement de ton intérieur m'a comblé de joie, parce que, tout loin que je sois de toi par mon genre de vie, je me reporte sans cesse vers les temps primitifs que nous avons passés ensemble et qui sont déjà si en arrière.

« Te voilà maintenant père de famille ; c'est un grand ministère. La constitution d'une famille vertueuse, respectée et durable, est une des œuvres les plus difficiles de ce monde, et sans l'assistance de Dieu il est presque impossible d'y réussir. Tu es aujourd'hui à un âge où l'infirmité de tout ce qui est humain apparaît sans peine à l'esprit et où l'œil cherche le fondement de toutes les choses visibles ailleurs qu'en elles-mêmes. Je souhaite vivement, mon bien bon ami, à cause de la sincérité de ma foi et de tout le bonheur que j'en ai reçu, que tu viennes un jour à entrer dans les voies de la certitude et de la paix. Tu as reçu de Dieu un sens droit, un esprit pénétrant, un cœur bon ; tu n'as rien de sophiste, ni un orgueil immodéré : ce sont des conditions heureuses pour arriver à la connaissance de la vérité. Je t'avertis seulement d'une chose : c'est qu'en religion comme en amour, on ne fait un pas qu'à la condition de répondre aux avances dont on est l'objet. La vérité nous cherche, mais si nous lui résistons au degré où elle se montre, elle se retire.

« J'ai dit la messe pour ta fille et la bénis de tout mon cœur. Présente mes hommages respectueux à Mme Ladey et sois assuré du cœur avec lequel je serai toujours à toi.

« Fr. Henri-Dominique Lacordaire,
« *des Frères Prêcheurs.* »

A madame Adèle C..., née André

« La Quercia, 17 novembre 1839.

« Madame,

« Je suis très sensible à la marque de souvenir que vous m'avez donnée en me faisant part du mariage de monsieur votre fils. J'avais beaucoup regretté de ne pas vous rendre mes hommages lors de mon dernier séjour à Dijon et vous voulez bien m'en consoler un peu en me prouvant que je ne suis pas tout à fait sorti de votre pensée. Bien du temps s'est écoulé depuis qu'enfants tous les deux vous me faisiez des chapelles de papier doré. C'est le plus ancien présage de ma vocation présente et je suis bien aise de vous le devoir. Si jamais je devenais un saint, ce dont je suis prodigieusement loin, vous entreriez dans mon histoire.

« J'ai laissé à Dijon Madame votre mère, bien portante ; j'espère que sa santé est toujours bonne et je vous prie, Madame, de lui présenter mes très humbles respects. Elle a dans un de mes amis (1) un petit-gendre qui

(1) Victor Ladey.

doit rendre sa petite-fille heureuse : je me suis trouvé plusieurs fois avec joie dans ce jeune ménage. Quand m'y retrouverai-je encore ? Me voilà sous un froc de moine, avec des desseins qui ne sont pas faciles de nos jours à exécuter et Dieu sait s'ils me permettront de longtemps de revoir ceux que j'aime.

« La Quercia, que j'habite maintenant, est un beau monastère bâti au pied d'une montagne à peu de distance de Viterbe. J'y dois demeurer encore jusqu'à la mi-avril, époque où je ferai mes vœux. J'irai ensuite passer quelque temps à Rome pour me préparer à revenir en France avec deux Français compagnons de ma solitude actuelle et de mes projets pour l'avenir. Si je puis, dans ce temps-là, traverser Dijon, je me ferai un plaisir et un devoir de vous y chercher.

« Si la prière d'un pauvre moine peut quelque chose pour le bonheur de l'union que vient de contracter Monsieur votre fils, dites-lui qu'elle ne lui manquera pas.

« Je suis, Madame, etc.

« Fr. Henri-Dominique Lacordaire,
« *des Fr. Prêcheurs.* »

III

Théophile Foisset à Victor Ladey

« 24 février 1841.

« J'ai tout ignoré jusqu'au samedi 20. Informé, je n'ai cru à rien, pas plus à la démission qu'à tout le reste. Je voulais aller vous trouver. Victor, parlez-moi de Prosper (1).

« N'appréhendez pas que j'aie conçu l'ombre d'un soupçon. Prosper est pour moi tout ce qu'il était il y dix ans et de plus il est atrocement haï et aussi malheureux qu'on puisse l'être sur terre. Si du moins il pouvait prier ! Je ne sais pas d'autre soulagement que celui-là. Les hommes nous manquent souvent. Dieu jamais.

« T. F. »

« 26 février. — Prosper aura-t-il vu Lacordaire ? Vous savez que Lacordaire est au Bon-Lafontaine. »

(1) Sous le coup d'une odieuse calomnie, M. Lorain venait, en effet, dans l'émotion d'un premier mouvement, qu'il ne fut pas sans regretter plus tard, de donner sa démission de doyen de la faculté de droit.

Victor Ladey à Prosper Lorain, hôtel du Bon-Lafontaine, à Paris.

« Dijon, 27 février 1841.

« Mon bon ami, j'ai retrouvé un peu du calme nécessaire pour t'écrire et c'est à M. Amédée Daveluy que je le dois. En le voyant arriver j'ai songé d'abord combien il te manquerait là-bas. Mais ensuite j'ai tiré pour moi un soulagement inespéré de sa présence. Cette générosité fidèle, qui l'a fait partir à la première nouvelle de notre malheur, m'a touché au fond de l'âme, et, le revoyant de plus près, entendant parler son amitié, sa noblesse, j'ai jugé mieux quelle immense ressource tu avais en lui. S'il t'a quitté il va te revoir bientôt.

« Tu trouveras dans cet ami tendre et distingué de quoi te consoler, mon Prosper, de bien des choses.

« Laisse-moi te dire encore une fois que ton absence me laisse une âme désespérée. Je t'en conjure, reprends force et courage, ne me parle plus que d'espérance, si loin que tu la puisses apercevoir; nous nous retrouverons, j'en suis convaincu. Mais durant cette séparation, puisses-tu redevenir heureux ! Il faut que ton cœur et ton esprit, ton talent et ton courage, tout ce qui constitue mon affection la plus vraie, la plus noble et la plus constante, surmontent le mal que les haines t'ont pu faire.

« Victor. »

Prosper Lorain à Victor Ladey, à Dijon

« Paris, 31 mars 1841.

« On m'écrit, mon cher ami, que tu te disposes à venir ici (1) ! Oh ! si nous pouvions ne plus nous quitter, le malheur me trouverait presque inébranlable. Viens donc, mon ami.

« Mon mépris des hommes a encore été vaincu. Dans ma position, c'est aux gens qui m'estiment et qui m'aiment de venir à moi et non à moi d'aller à eux. La souffrance, du moins, ne doit pas s'humilier, c'est le seul droit qui reste à la mienne. Si tu savais combien la gloire humaine est remplie de vanité pour qui subit une épreuve !... Je ne comprends plus que ma famille et mes amis.

« P. L. »

(1) Ladey alla passer à Paris, auprès de son ami, les vacances de Pâques.

Lacordaire à Ladey

« Rome, à la Minerve, 14 juin 1841.

« Mon bien cher ami,

« J'ai été très affligé des nouvelles que tu me donnes de Lorain. La dernière lettre que j'ai reçue de lui et à laquelle je venais de répondre me permettait d'espérer que le calme se faisait dans son âme. Je vois que je me suis trop hâté d'espérer et j'en éprouve une tristesse profonde. Je suis assurément prêt à rendre à notre ami tous les services que je pourrai... Le présenter à mes amis, mais c'est la chose la plus simple du monde, soit par lettre, soit à mon passage à Paris, au commencement de novembre prochain. Mes relations, cependant, sont moins étendues que tu ne crois ; à Paris et à Rome, j'ai toujours vécu très solitaire, cultivant un petit nombre de personnes, quoique beaucoup vinssent me voir pour causer de religion, mais enfin je ferai mon possible.

« Du reste, mon cher ami, je n'espère aucun repos pour Lorain que dans un retour sincère à la religion.

« Qu'est-ce que l'opinion des hommes sur nous? Qu'est-ce que la vie de ce monde ? La grande affaire, c'est de vivre éternellement et d'être saint aux yeux de celui qui nous a promis cette vie en récompense de nos mauvais jours d'ici bas. Je crois de plus en plus qu'il est nécessaire à Lorain de se marier. Il ne s'agit plus d'ambition pour lui, mais de se créer des consolations de famille. Quand on n'est pas prêtre ou religieux, une famille est le premier trésor du monde. La mort et ses événements séparent ceux qui se sont aimés dans leur jeunesse, les enfants remplacent les amis éteints. Il ne faut pas aller contre l'ordre de la nature. Notre destinée, à nous tous, anciens amis de vingt ans, est celle de tous ceux qui nous ont précédés sur la terre. On a cru vivre toujours les uns dans les autres, mais le temps disperse les hommes.

« Nos cœurs se touchent à travers l'espace et les malheurs. Ils se trouvent encore, mais comme des exilés, sans pouvoir se parler de près et nous donner ce dont on a besoin à toute minute.

« F. Henri-Dominique Lacordaire,
« *des Frères Prêcheurs.* »

Théophile Foisset à V. Ladey

« 26 juillet 1841.

« Prosper vient de m'écrire et plus je pense à lui, plus je vois qu'il n'y a que Dieu qui console. Le stoïque se réfugie tant qu'il peut dans le mépris des hommes. Le chrétien seul porte sa croix jusqu'au bout, avec résignation, avec amour. Il souffre, mais il voit les cieux ouverts. Il aime Dieu et il en est aimé. Voilà ce qui vaut la peine de vivre ! Aussi je ne puis m'empêcher de souhaiter à notre ami mieux que l'étude, mieux que la tranquillité de la campagne, mieux que la famille et l'amitié, la foi qui nous rend présent à l'esprit et au cœur Celui qui n'a jamais failli à l'innocent et qui nous aime d'un amour éternel.

« J'ai le cœur triste en vous écrivant.

« T. F. »

A cette époque, le père Lacordaire, revêtu de sa robe de dominicain, revint de Rome et se rendit à l'invitation de Mme Lorain. A Chazoux, il retrouva Prosper, Foisset et Ladey. Après avoir passé quelque temps auprès d'eux, il partit pour Paris, emmenant Lorain.

Victor Ladey à Mme Ladey, à Dijon

« Chazoux, 24 octobre 1841.

« Quelques heures après mon arrivée, le paquebot de Lyon a amené Lacordaire. Nous avons déjeuné chez Mme Félix Lorain (1). Aujourd'hui nous avons été entendre la messe dans la chapelle d'une vieille comtesse de Vogué, voisine de Mme Lorain. Notre dominicain a prêché, c'est la première fois que je l'entends. Tous les jours, à cause de lui, nous avons des visiteurs des environs et des galas.

« Victor. »

(1) Belle-sœur de Prosper.

Victor Ladey à Prosper Lorain, à Paris

« Dijon, 9 novembre 1841.

« Mon cher Prosper, j'ai hâte de savoir comment s'est faite ta longue route. Quelque chagrins personnels que j'aie eus, rien plus que ce qui t'est arrivé ne m'a fait penser à la Providence, car on ne peut espérer de forces et de ressources qu'en elle. Partages-tu ma pensée ?

« D'autres, et ta mère surtout, ont regardé comme une heureuse occasion ton voyage avec notre dominicain. J'ai été bien attendri d'entendre la pauvre femme, le jour où nous avons quitté Chazoux, te recommander à ses prières, et le prier de lui écrire pour je ne sais quel concert de pieuse adjuration qu'elle veut former avec lui au moment convenu. Mais je ne pouvais malheureusement pas aller aussi loin dans mes espérances que cette âme de mère et cette charité de prêtre. Vous vous connaissez trop, Henri et toi, pour cela et je ne sais pas si c'est de lui que te viendra l'émotion religieuse si elle doit t'être communiquée par quelqu'un sur cette terre.

« Ce que tu m'as dit de tes lectures cette année me donne de meilleures espérances. J'y pense beaucoup, c'est pourquoi cela est d'abord venu sous ma plume; tu me le pardonneras si tu n'es pas dans tes dispositions tolérantes, et tu ne compareras pas ma pensée au prosélytisme que tu supposes à Foisset.

« Victor. »

Prosper Lorain à Victor Ladey

« Paris, 11 nov. 1841.

« Notre voyage a été assez bon, mon cher Victor. Les tristes adieux et le départ de Chazoux m'avaient cependant beaucoup agité.

« Notre compagnon de coupé était un jeune homme de vingt ans ; il a déjà plus de savoir en toutes choses que bien des hommes considérables de cinquante. Je n'ai pas été surpris que le duc de Broglie se fût paternellement et excellemment dévoué à l'éducation forte de son fils aîné et que cet enfant, élève de Daveluy au collège Bourbon, ait eu le prix d'honneur au concours général. Je le crois destiné à beaucoup d'avenir si sa voix un peu faible ne lui interdit pas les débats publics...

« Depuis notre arrivée, j'ai pu voir Lacordaire très peu. Il passe ici des jours si bornés, il a tant de relations et d'intérêts nécessaires à ménager que je comprends sa rareté. Il m'a cependant présenté à cette dame russe dont je ne sais pas même écrire ou prononcer le nom, Mme Sch... (1). Étrange destinée ! que je doive accepter comme une consolation véritable d'être introduit, après 40 ans, dans une maison étran-

(1) Swetchine.

gère et moscovite ! Cette dame est âgée, bonne, pieuse, spirituelle. Elle m'a bien accueilli. J'y suis retourné un soir et nous avons longuement causé. Son salon n'était pas encore rempli parce qu'il était de trop bonne heure, mais il est le rendez-vous habituel des notabilités catholiques, russes et aristocratiques. J'y ai déjà rencontré un Larochefoucauld et un Puységur. Elle s'est faite catholique il y a plus de 20 ans. Elle était fort liée avec Mme la Dauphine à l'occasion d'œuvres de charité et connaît Lacordaire depuis dix ans. Elle ne le nomme jamais, même en face et directement, que *cher ami*. Elle a une chapelle où notre dominicain dit souvent la messe.

« Lacordaire compte beaucoup plus pour moi sur M. de Montalembert qui, par son activité extrême et ses nombreuses relations, pourra me donner quelques avantages de société, mais je trouverais difficilement ailleurs une femme instruite.

« Henri s'est occupé aussi de me faire entrer dans la rédaction d'un de leurs journaux, mais je ne sais encore s'il réussira à quelque chose que je veuille ou puisse accepter. Il y a une guerre ardente et intestine entre le catholicisme nouveau et le vieux catholicisme légitimiste ouvert ou secret. La situation d'Henri est difficile et fausse ; il lui faut tous ses ménagements pour en sortir avec honneur.

« Prosper. »

L'esprit original et délicat de Lorain, sa culture et son instruction l'inclinaient vers les lettres. En 1839, son ouvrage sur l'abbaye de Cluny fut un succès.

Au moment où nous le retrouvons à Paris, *le Correspondant* lui ouvrit ses portes, et il voulut y entrer en maître. Avant toutes choses, il faut un sujet qui passionne, et ce sujet il le trouva dans son cœur, sous ses yeux, dans son admiration. C'est alors qu'il prépara ces pages superbes au-dessus desquelles il écrivit le nom de *Lacordaire* (1).

(1) *Correspondant*, t. XVII et XVIII. Lorain, 1847. — Biographie du P. Lacordaire.

Lacordaire à Ladey

« Paris, 19 nov. 1841.

« Mon cher ami,

« Je quitte Paris dans deux jours sans avoir rien pu faire pour Lorain. Il est triste et son caractère ôte les dernières ressources. Ce spectacle m'accable de tristesse ; ma seule consolation est de penser que les idées religieuses font des progrès chez lui et qu'il y trouvera un aliment et un secours que ses meilleurs amis ne peuvent lui donner que bien imparfaitement.

« Adieu, mon ami.

« Frère H.-D. LACORDAIRE
« *des Frères Prêcheurs.* »

Prosper Lorain à Victor Ladey

« Paris, 29 janvier 1842.

« Montalembert m'a fait dîner avec de Carné et M. de Golbert, sans compter M. de Mérode. J'ai peur que ces petits pas ne me mènent pas à grand'chose. Je voudrais mes entrées dans quelque journal important. »

Prosper Lorain à Victor Ladey

« Paris, 24 février 1842.

« Foisset m'écrit qu'il sera à Paris le 19 mars, et Lacordaire, qui se ravise, viendra aussi à Pâques après avoir prêché à Tours. J'ai entendu les deux premiers sermons de M. de Ravignan, et j'ai l'intention de les suivre tous. La gravité de mon esprit ne cherche que la lumière et aspire plus que jamais à de hautes et sincères convictions.

« Montalembert m'a fait dîner une seconde fois avec un grand nombre de demi-illustrations, d'Eskstein, Poujoulat, Salinis, Mikewick, Janoski, Didron, etc.

« Prosper. »

Prosper Lorain à Victor Ladey

« Paris, 1er mars 1842.

« Je te disais l'autre jour que je suivais les sermons de M. de Ravignan. J'ai été moins content de son troisième, *De la certitude de la foi* que des deux premiers sur *Le besoin de la foi*, et *Les qualités de la foi*. C'est toujours un homme de beaucoup de talent, mais moins complet que je n'avais d'abord cru. Lacordaire, avec une logique un peu plus ferme, devrait être bien autrement puissant. Je continuerai à fréquenter M. de Ravignan. J'ai besoin d'études, de pensées et d'émotions sérieuses. Je me suis toujours trouvé les idées plus religieuses que tu n'as cru. Mon épreuve d'aujourd'hui leur donne quelque chose de plus grave et de plus nécessaire.

« Prosper. »

Prosper Lorain à Ladey

« Paris, 26 sept. 1843.

« Mon ami, je n'ai pas manqué une conférence de Lacordaire... Son succès se maintient et sa renommée grandit.

« Je veux te dire, *sous le secret*, tout ce qu'on a mis en œuvre contre lui pour l'empêcher de parler à Notre-Dame. Outre les rivalités de clergé et certaines défiances mondaines, on a cherché à épouvanter Mgr Affre. Louis-Philippe est intervenu lui-même pour terrifier l'archevêque.

« Vous voulez, lui a-t-il dit, au 14 février, le sac de l'archevêché : Eh bien ! vous l'aurez, et je n'enverrai pas un municipal pour vous défendre.

« Le Roi a fait intervenir le pape, le général des dominicains, afin d'interdire à notre ami de prêcher en robe dominicaine... O misères de la terre et du ciel !... Adieu.

« Prosper. »

IV

Lacordaire à Ladey

« Paris, 9 janvier 1845.

« Mon cher ami, j'ai attendu pour te répondre que le jeune Armand Poisot fût venu me rendre visite. Ce jeune homme m'a paru bien et m'a fait plaisir à voir. — Je lui ai dit de revenir, mais j'ignore ce qu'il fera. Je pars d'ailleurs dans trois semaines pour Lyon.

« Je savais par Lorain la maladie de ta femme et si je ne t'ai pas écrit c'est que je n'ai pas cru que tu pouvais t'alarmer à ce point.

« Néanmoins, puisque mon silence t'a fait de la peine, je le regrette sincèrement, et du fond du cœur. La Providence a séparé nos vies qui devaient si naturellement s'écouler l'une à côté de l'autre. Je ne reporte jamais mes regards en arrière sans une certaine mélancolie et sans être étonné des routes où Dieu m'a jeté. J'ignore comment cela s'est fait. Tout était contre de semblables prévisions et en regardant au fond de ma nature, je suis encore plus surpris d'avoir fait tant de choses qui devaient si peu sortir de moi. Le temps s'avance du reste ; nous voici en pleine maturité et encore quelques années nous courrons vers la vieillesse. Aussi je ne m'étonne pas des regards que tu portes vers le but suprême de la vie et je comprends aussi très bien l'espèce d'impuissance où tu te trouves pour asseoir à jamais ton âme. Tu as dans le caractère une facilité de voir les côtés faibles des choses, une espèce d'instrument avec lequel tu démolis sans peine les murs des choses et des idées. Tu as de l'esprit, autant qu'on en peut avoir, du cœur, de *l'âme ;* mais il te manque une colonne vertébrale plus fortement travaillée. Ton corps délicat et tourmenté est l'image assez vive de ton être intérieur. Tu es donc toujours plus frappé de ce qui manque que de ce qui est, et comme il manque évidemment à Dieu sur la terre quelque chose, puisqu'il n'est pas complet ici-bas, tu as de la peine à le prendre comme il s'y trouve. La foi est un ravissement de l'âme à soi, une certaine concession faite à Dieu, et c'est précisément ce genre de mérite qui t'est le moins familier.

« Je crois donc, mon cher ami, qu'il te faut assidûment prier, le matin et le soir, et commencer, en tout ce qui n'est pas impossible dans ton état de conscience, une pratique sérieuse de la religion. Tu possèdes assez Dieu pour faire plus que le chercher, pas assez pour ne plus le chercher. Je suis persuadé qu'une prière humble et suivie achèvera de briser les rêts qui te retiennent loin de la vérité connue et aimée. La religion est humilité, simplicité, confiance, abandon, quelque chose d'infiniment humain, mais à un degré qu'on n'atteint pas de soi-même.

« Je ne te dis rien de tes jugements sur moi, je te crois dans l'erreur. La forme de mes pensées est paradoxale, non les pensées mêmes ; ce qui constitue la singularité de mon être, c'est précisément l'alliance d'un sens droit avec une forme qui ne le paraît point. Rien ne va plus droit que ma pensée par des chemins plus détournés et cette phrase même par où j'exprime ma nature en a tout le cachet.

« Adieu, mon ami ; j'entre dans tes peines et dans ton âme. Ta lettre m'a reporté à 20 ans en arrière et, sans m'inspirer de regrets, m'a jeté en quelque mélancolie... Je t'embrasse bien tendrement, etc...

« F. H.-Dominique LACORDAIRE,
« *des Frères Prêcheurs.* »

Ladey à Lacordaire

Dieu

Je ne le cherche plus, j'attends qu'il se révèle,
Que son regard me fixe et que sa voix m'appelle.
M'abandonnant alors à ce Dieu que j'ai fui
Je le vois et je l'aime et je m'oublie en lui.
Lui-même, doucement, vient pénétrer mon âme :
Il l'échauffe, il l'emplit de sa divine flamme.

Le monde fuit alors, dans cet oubli si doux.
Presque sans le vouloir j'ai fléchi les genoux,
Je brûle avec délire au foyer qui m'embrase.
Rien ne me manque enfin dans cette pure extase,
Rien, ô mon cher Henri, qu'un ami tel que toi
Qui lève au ciel les yeux et l'implore pour moi.

Prosper Lorain à V. Ladey

« Paris, 10 juin 1848.

« Mon cher Victor.
« Je viens de perdre ma mère !... que ma douleur est grande !... Adieu.

« Prosper. »

Prosper Lorain à Victor Ladey, à Bolandoz (Doubs)

« Paris, 8 septembre 1848.

« Lacordaire s'est décidément retiré de la direction de *l'Ère nouvelle*, de sorte que je suis demeuré étranger au cautionnement. Ma santé va de mal en pis. J'ai déjà consulté 5 ou 6 docteurs et m'en tiens à présent à M. Chomel, l'un des plus renommés de ce pays-ci. — Il affirme, comme les autres, que je n'ai aucun mal organique. — C'est du temps et de la patience qu'il faut.

« PROSPER. »

M. Marchand, conseiller d'État, à M. Ladey

« Paris, 22 novembre 1848.

« Il n'est que trop vrai, mon cher Ladey, notre pauvre ami a succombé, et c'est dimanche que nous lui avons rendu les derniers devoirs. Cette mort si prompte était inattendue.

« Il était alité depuis deux jours. — C'était le mercredi, — je ne pus le voir. Vendredi j'allais y retourner. Il était trop tard. Il a rendu le dernier soupir jeudi, après une agonie courte et qui a paru peu douloureuse. M. Daveluy (d'Athènes) était auprès de lui pendant les deux dernières heures. Il n'a proféré que ces seules paroles : « Mon Dieu, s'est-il écrié en levant les bras, mon Dieu ayez pitié de moi. Vous savez que c'est la calomnie qui m'a tué. » Ce sont ses derniers mots.

« Au moment même où vous m'écriviez, nous le conduisions à sa dernière demeure. J'ai trouvé là M. M. Daveluy, M.M. Darcy et parmi ses anciens camarades Pellat et Royer-Collard. En ce triste moment, j'ai pensé à vous dire la perte que nous venions de faire, perte plus cruelle encore pour vous, qui lui étiez attaché par une si longue et si fraternelle amitié, et qui saviez tout ce qu'il valait...

« Marchand. »

Théophile Foisset à Victor Ladey

24 novembre 1848.

« J'allais vous écrire, car avec qui parler de lui désormais, sinon avec vous ?

« Voici tout ce que je sais : Lacordaire, qui a quitté Paris dans les premiers jours de septembre, m'écrivit de Chalais que les jours de notre pauvre ami étaient comptés, mais que la consultation de Récamier n'avait pas été d'abord inquiétante. Récamier a trouvé le siège de la maladie à l'estomac.

« La plaie était au cœur. M. de Montalembert est depuis 15 jours à Tréloup (Nord). Je sais par Lacordaire qu'il s'est occupé de notre ami malade.

« T. F. »

Théophile Foisset à V. Ladey

« 25 novembre 1848.

« Mon ami, on m'écrit de Paris que Daveluy lui a fermé les yeux, c'était bien jeudi 16. Récamier s'est présenté chez lui ce même jour. Le malade était guéri.

« *Le Correspondant* de dimanche lui a consacré quelques mots, c'est convenable, mais insuffisant. Ne voulez-vous pas rédiger une notice pour *l'Ère nouvelle?*... Lacordaire la ferait insérer. Je me chargerais, moi, d'en parler au *Correspondant*. Qu'est-ce que cela ? Hélas ! A Dieu.

« T. F. »

V

Lacordaire à Victor Ladey

« Flavigny, 3 février 1850.

« Mon cher ami, une lettre de Dijon m'apprend que tu es assez sérieusement malade. Donne-moi de tes nouvelles ; je serai bien aise d'en avoir d'une façon positive. Je suis venu moi-même à Flavigny pour me guérir d'un rhume, et qui a en effet cédé à l'air de nos montagnes, malgré la neige et la glace dont je les ai trouvées couvertes. Je retourne demain soir à Paris. C'est là, rue de Vaugirard, n° 70, qu'un petit mot de toi me serait fort agréable.

« Voilà enfin Foisset à la Cour de Dijon ; je m'en suis réjoui sincèrement. Il y a peu d'hommes aujourd'hui dans la magistrature d'un esprit aussi distingué et qui l'ait mieux honorée.

« Tout à toi bien cordialement et mes hommages respectueux à Mme Ladey.

« Fr. Henri-Dominique Lacordaire,
« *des Frères Prêcheurs.* »

Lacordaire à Ed. Boissard

« Sorèze, 4 novembre 1857.

« Mon cher Boissard,

« Une lettre de faire part vient de m'apprendre la perte que vous venez de subir dans la personne de votre vieux père, et je m'empresse de vous témoigner combien je suis sensible à votre affliction.

« Vous voilà maintenant chef de votre famille. Je prie Dieu de la bénir et de vous bénir avec elle. Vous savez peut-être que je suis maître d'école à Sorèze. Je m'y plais beaucoup. Les années passent vite dans ce mouvement d'occupations incessantes, et qui ont un grand attrait quand on aime la jeunesse. Je ne vous demande pas de m'envoyer vos enfants. Ils sont peut-être hors de page, et d'ailleurs ce serait bien loin de vous.

« Je pense que Ladey vous voit toujours souvent. Rappelez-moi, je vous prie, à son souvenir. Je ne le perds pas de vue. Il est du nombre d'anciens amis, ainsi que vous, auxquels je demeure fidèle par une pensée d'estime et d'affection. Veuillez en agréer l'assurance et me conserver aussi une petite place dans votre présent et dans votre avenir.

« F. Henri-Dominique LACORDAIRE,
« *des Frères Prêcheurs*. »

Victor Ladey à Théophile Foisset

« Bolandoz (Doubs), 30 septembre 1861.

« Mon cher Foisset, j'apprends avec un grand chagrin que le père Lacordaire serait à toute extrémité, qu'on aurait mandé M. de Montalembert à Sorèze par le télégraphe. Hélas! il n'y avait pas à espérer pour lui une longue vie dans l'état où il s'est trouvé cet été ; mais cette mort si rapide me consterne et je ne puis y croire.

« Peut-être êtes-vous à Sorèze et tombez-vous des joies de la famille dans la douleur.

« Où sont maintenant nos amis de jeunesse? Toute la nuit j'ai revu dans cette petite chambre, où ils me visitaient, Prosper et Henri. Prosper me lisant les brouillons de ses discours et le pauvre Henri s'essayant à déclamer devant moi ses grands discours pour la Société d'Études.

« Le chagrin a tué l'un, le travail a tué l'autre.

« Nous voilà, vous et moi, très vieux et très seuls. Tâchez que l'amour du travail s'éteigne un peu en vous. »

Théophile Foisset à Victor Ladey

« Bligny, 4 octobre 1861.

« M. de Montalembert, mon cher Victor, est allé à Sorèze *motu proprio*, sur une lettre d'un ami du Père Lacordaire.

« Impossible, m'écrit M. de Montalembert, de rencontrer la mort plus visiblement empreinte sur les traits d'un homme.

« Oh ! oui, mon cher Victor, c'est lamentable ! finir ainsi ! mourir d'épuisement et de langueur dans la plénitude des dons de l'intelligence, à l'âge de la maturité, à l'âge des œuvres définitives. Il me semble qu'il aurait dû mourir debout, je ne sais plus comme quel Romain.

« Cela nous reporte à 13 ans en arrière, à la mort de ce pauvre Prosper tué par le chagrin. Il n'est pas sûr que Lacordaire meure d'autre chose. Les V..... ont été si indignes pour lui dès 1848 et surtout depuis le 2 décembre 1851 ! Que Dieu pardonne à ceux qui ne savent ce qu'ils font !

« Vous dites, mon cher Victor : où sont maintenant nos amis de jeunesse ? Nous avons cette rare fortune que nous sommes encore quatre à Dijon de la Société d'Études : Saint-Seine, Boissard, vous et moi. Tâchons de rester fidèles les uns aux autres en dépit des courants politiques.

« A vous profondément.

« T. F. »

Victor Ladey à Ed. Boissard

« Dijon, 30 novembre 1861.

« Mon ami, il ne s'est rien passé dans notre ville depuis ton départ, hors le service célébré aux Dominicains jeudi, le jour même des obsèques de notre pauvre ami à Sorèze. J'étais si bien persuadé que la chapelle regorgerait de monde que je suis allé au chœur, lieu un peu trop en vue, que j'ai évité jusqu'ici. Il n'y avait que des prêtres, des frères de la doctrine chrétienne et cinq ou six laïques en me comptant. L'évêque et le curé de Saint-Michel n'y étaient même pas. Le dimanche précédent, il n'avait pas été dit un mot du prédicateur dijonnais hors par le curé de Saint-Michel. Mgr (Rivet), qui avait parlé pour je ne sais quoi, s'est tû complètement sur l'illustre prédicateur. L'assistance à la chapelle, hors le chœur, laissait la moitié des chaises vides ! »

Poitiers. — Imp. Blais, Roy et Cie, 7, rue Victor-Hugo.

www.ingramcontent.com/pod-product-compliance
Lightning Source LLC
Chambersburg PA
CBHW070624160426
43194CB00009B/1365